U0923589

图1　要尊重孩子的秘密

图2　要尊重孩子间的友情

图3　要擅于发现孩子的特长

图4　孩子更需要的是父母的尊重

总主编：周文彪

让尊重

引领孩子情商提升

尊重与情商

Respect and EQ

主　编：周蔷　李嘉玉

中国纺织出版社有限公司

内 容 提 要

本系列丛书共分为《教育与创新》《规矩与成长》《品德与分数》《知识与财富》等10个分册。每章节的论述都以著名教育家陶行知先生经典小故事为引导，分别提出论点、论据，彰显了教育家言行一致的风格。每章结尾处又以陶行知本人的行为规范为楷模，不仅能使读者读懂理论，还能感染父母体会“学为人师，行为世范”的家教风格，进一步揭示了“父母的行为要成为孩子的楷模”这一育子理论，加深了读者的深度思考和理解。

图书在版编目（CIP）数据

陶行知生活教育系列丛书. 尊重与情商 / 周文彪总主编；周蕾，李嘉玉主编. -- 北京：中国纺织出版社有限公司，2021.12

ISBN 978-7-5180-9215-4

Ⅰ. ①陶… Ⅱ. ①周… ②周… ③李… Ⅲ. ①生活教育－儿童教育－家庭教育 Ⅳ. ①G78

中国版本图书馆CIP数据核字（2021）第263002号

策划编辑：闫 星　　责任编辑：刘桐妍　　特约编辑：符 芬

责任校对：高 涵　　责任印制：储志伟

中国纺织出版社有限公司出版发行

地址：北京市朝阳区百子湾东里A407号楼　邮政编码：100124

销售电话：010—67004422　传真：010—87155801

http：//www.c-textilep.com

中国纺织出版社天猫旗舰店

官方微博 http：//weibo.com/2119887771

三河市延风印装有限公司印刷　各地新华书店经销

2021年12月第1版第1次印刷

开本：880×1230　1/32　印张：63.75

字数：1040千字　定价：398.00元（全10册）

学做真人
生存能力
理财能力
分析能力
组织能力
演讲能力
表达能力
管理能力
专业能力
设计能力
创新能力
创造能力
影响力
激励力
组织与授权
监控与检查
灵活应用
个人体验
生活经验
领导经验
管理经验
跨学科知识
产业中的教育感悟
专业导向产业延伸
获取
· 知识
· 技能
· 收入
储存
职业体验
· 标准化
· 流程化
· 科研化
· 智能化
应用
•行为养成
•职业感知
•兴趣爱好
兴趣培养
•生活习惯
•学习能力
•兴趣特长
•职业认知
行为习惯
•人际交往
•职业规划
•科普知识
•职业体验
社交知识
•生活实践
•人文地理
•礼貌礼仪
•职业习惯
职业发展
培养企业拿来即用的
人
· 个人形象
· 维护与辩护能力
· 冲突管理
· 团队工作能力
· 客户导向意识
基础教育
· 自我定位
· 智能管理
· 科技创新
· 知识传播
尊重与情商
· 角色管理
· 时间管理
· 沟通管理
· 目标管理
· 激励管理
· 绩效管理
· 技能教练
企业体验
产教融合
院校教学
岗位体验
职业体验
智商：
认识客观事物，运用知识解决实际问题的能力，掌握处理业务工作所需的技术和工具
情商：
具备处理自己与他人关系的能力
智能养身
运动场
游泳池
健身馆
药膳堂
养生馆
MR体验
职业感知
职业认知
科学实验
技术革新
数学应用
艺术熏陶
创新思维
创新创业
品德修炼
心理调节
情操感悟
教育中的产业渗透
教人求真
社区教育
· 教育与创新
· 规矩与成长
· 品德与分数
· 知识与财富
· 行为与性格
· 尊重与情商
· 勤奋与责任
· 生存与发展
· 音乐与人生
· 表扬与批评
· 专业与职业
· 健康与人生
· 安全与生产
通过产教融合，归纳演绎出：团队竞争力和创新、创造力
形成寓教于乐的教育特色：产教融合、协同育人
“三识” 学识
见识
胆识
显性知识：理论、通用（知道）
隐性知识：经验、教训（会用）

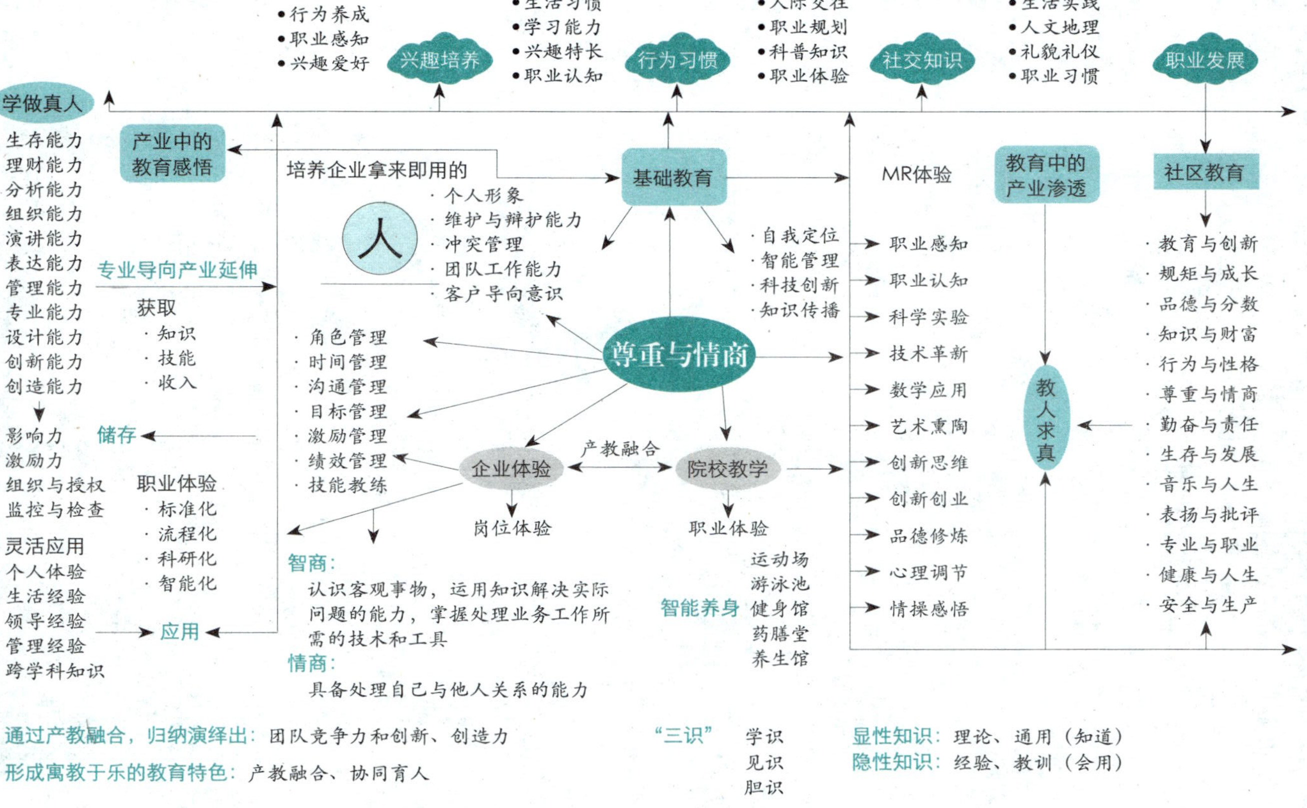

《尊重与情商》框架结构图

TAO XING ZHI SHENG HUO

《陶行知生活教育系列丛书》

JIAO YU XI LIE CONG SHU

各分册主编

第一分册 《教育与创新》 主编 郭洪飞 赵 明

第二分册 《规矩与成长》 主编 罗碧华 杨秀丽

第三分册 《品德与分数》 主编 周文彪 张平原

第四分册 《知识与财富》 主编 刘建清 周 苹

第五分册 《行为与性格》 主编 刘馨阳 郭洪飞

第六分册 《尊重与情商》 主编 周 蔷 李嘉玉

第七分册 《勤奋与责任》 主编 周志平 秦承敏

第八分册 《生存与发展》 主编 刘义光 黎 邓

第九分册 《音乐与人生》 主编 张炜 蒋菡 何薇

第十分册 《批评与表扬》 主编 陈京平 张 炜

序一

闻悉周文彪先生任总主编的《陶行知生活教育系列丛书》付梓出版，尤其是将家庭教育融入陶行知生活教育思想非常必要。为众多父母在子女教育上坚持“行知合一”，用自己的行为做孩子的楷模提供了良好的借鉴。

随着《中华人民共和国家庭教育促进法》的颁布与实施，重视智力发展，忽视道德培养；重视知识学习，忽视能力培养；重视书本知识学习，忽视劳动实践；重视孩子智力发展，忽视情商培养；重视特长培养，忽视全面发展；重视身体健康，忽视心理健康；重视饮食营养，忽视身体保健的倾向越来越没有了市场，众多教育工作者逐步走向培养孩子全面发展的轨道。

父母与孩子的关系就好比土地和禾苗：土地肥沃，禾苗就茁壮；土地瘠薄，禾苗就瘦弱。家庭教育也是如此，父母的行为时时都在感染、熏陶和“塑造”着孩子的人生，孩子的行为、习惯、个性、性格也正是在父母行为的影响下逐步形成的。

大家都希望自己的孩子能接受到更好的教育，成为更优秀的人，这是为人父母的期望，也是整个教育事业必将要达到的目标，因此，我们万万不可忽略父母行为对孩子的影响。

在众多家庭教育中，有成功的经验，也有失败的教训，很多父母对孩子的期望总会产生极大的落差，其中的原因是什么呢？

一则对孩子的期望值过高。不计其数的父母盲目坚守着“望子成龙、望女成凤”的观念，孩子一入学就对他们提出：一定要考多少分，保持班上前几名，初中要考取某某名校，大学要考上985、211，毕业后要从事某高科技、高科研、高薪资的工作，结果，期望值越高，失望越大。

二则对孩子娇生惯养。很多孩子在家“称王称霸”，在外“一事无成”。其原因就是父母总是把孩子看作“温室里的花草”，对孩子提出的条件无限制地满足，平时这也不让做，那也不让做，忽略了孩子自身的锻炼，致使孩子一旦离开父母，走向社会，连最起码的生活自理能力也没有了。

三则对孩子放任自流。有些父母虽然与孩子住在一个屋檐下，同吃一锅饭，却很少交流，一旦交流就是“考多少分？全班第几名？”孩子做不到，就“一顿唠叨或讽刺挖苦”，这种不注意孩子的心理调适，一味压制，到头来孩子只好选择不和父母交流，有的甚至不想往来，还有的父母与孩子竟然像陌生人一样，孩子也干脆不和父母在一起。

四则对子女过度殷勤。随着生活水平的提高，很多父母对孩子过于殷勤，如吃饭的时候，总是喜欢将椅子、碗筷摆好，饭菜盛好，还有的孩子已经上小学了，还要靠父母喂饭吃。

五则用金钱替代教育。父母用金钱替代教育的现象不占少数，我们是否可以静下心来想一想：这样做究竟给孩子带来的是什么？存款、股票、房产、产业，等等？如此下去，孩子将来又会走向何方？培养孩子全面发展岂不是成了一句“空谈”？

特别引以注意的是：一些父母竟然混淆了家庭教育与学校教

育的关系。把孩子成才的期望全部寄托于学校，错误地认为教育就是学校的事，孩子只要考高分，上个好大学，将来就一定能有个好职业。这个误区实在可怕，大家要明白：家庭是教育的最基本、最基层的单位，学校教育是辅助家庭培养孩子成才的，家庭教育与学校教育的区别只是环境不同、教育者与受教育者之间的关系不同、教育者自身的条件不同、教育内容不同、组织管理不同，家庭教育具有广泛的大众性、强烈的感染性、特殊的权威性、鲜明的针对性、天然的连续性以及人生幸福的继承性和教育的终身性与教育方法的灵活性。

《陶行知生活教育系列丛书》在研究陶行知生活教育思想的基础上，对于家庭教育进行了进一步的深入挖掘、整理和延伸，指出了家庭教育在整个生活教育中的地位和作用，突出了陶行知“追求真理做真人”的为人之道，涵盖了早与迟、宽与严、言与行、家与校等多个层面，给父母在子女教育中以启发。

这套丛书从“品德培养要从健康行为开始”“让规矩陪伴孩子成长”“时刻提醒孩子规范自己的言行”“比考试分数更重要的是品德”“给孩子金山不如给知识，再富也别富养孩子”“知识转化为生产力才有力量”“不要忽略创新在教育中的作用”“对孩子的情商培养要从尊重开始”“让孩子在挫折中求生存”“不要忽视孩子生存能力的训练”10个侧面，提出了一系列比较现实的教育观点，通过生活中的一个个典型案例，论述了父母的行为与孩子成长的辩证关系，比如：父母自身素质、教养态度、教育能力、家庭生活条件、家庭成员之间的关系、家庭的社会背景和社会风气、家庭中错综复杂的冲突与矛盾等。促使父母更加重视“家庭教育的优势与劣势”“独生子女教育的优劣”“爱而不娇”“严而有格”“该管则管，该放则放，管放结合”“发展特长和全面发展”“言教和身教”“说服和实践”“掌握分寸选择机会”等重要问题。

在本套丛书即将发行之际，我们期望父母通过本书的阅读，提升家庭教育观念，支持孩子进行科学、文明、道德的修炼，使之在更多的学习活动中获得更多的自主权，从事更加有益的实践活动，在家庭教育中获得课堂上无法获得的知识和能力，使孩子的个性、知识、人格、情操、体质诸方面得以健康发展，让家庭教育与学校教育相辅相成、互相促进、相得益彰，促使孩子德、智、美、体、劳全面发展。

（俞启定　国内首批获得教育学硕士、博士学位的博士生导师，北京师范大学著名教授）

俞启定

2021 年 11 月 28 日

序二

《陶行知生活教育系列丛书》即将付梓出版，应丛书总主编周文彪先生之邀，特写上以下一番话，表达祝贺之意。

萌芽于1918年，成型于1927年的“生活教育”理论，是陶行知教育思想的核心。

“生活教育”理论是陶行知作为中国现代教育先驱的思想理论基础，开展对“生活教育”理论的深化研究是极具意义的！生活决定教育，教育必须改造生活。“从定义上说，生活教育是给生活以教育，用生活来教育，为生活的向前向上的需要而教育”。

“生活教育”是活教育。“书是不可以死读的，但是不能不活用。”

“生活教育”是“大教育”。它是包括社会、学校、自然、家庭的整个的教育。

“生活教育”是融合教育。通过德智体美劳、军（军事训练）的融合，让学生成为真善美、智仁勇结合的“整个的人”。

陶行知认为，“知识与品行分不开，思想与行为分不开，课内与课外分不开，做人做事与读书分不开，即教育与训育分不开”。求知、品格、赋能的有机结合是学育方式变革的根本途径。

“生活教育”也是“与时代俱进”的教育。唯有与时代俱进，才能成为促进社会不断发展的现代人。

陶行知先生创立的“生活教育”理论，已经成为时代的显学。它揭示了教育的本质，阐明了教育的职能，把握了现代教育的特征与趋势，极具当代价值，也成为新时代教育改革发展的“路向”之一。

在当代，如何深化研究传承“生活教育”思想？可以说，文献式地把陶行知先生的文章、讲话、书信、诗歌等文献资料结集出版的任务已基本完成，诠释式的解读则远远不够！联系实际研究、践行陶行知思想的传承，即把陶行知思想及其教育主张深化研究，汲取其中的思想内核、当代价值并与当代教育实际紧密结合，瞄准当下教育的新问题、新课题，探索教育改革的新思路、新路径尤为重要。

陶行知本身是教育实践的行动家，其教育思想在本质上是一种实践的教育学说，理论与实际结合是“生活教育”的生命力所在，只有从“行知合一”上理解其思想实质，从理论与实践的结合上深化研究，在学育方式变革上深化改革，才是真研陶！

生活是向个体敞开的含有情境和价值的意义总体，包括：教育生活、社会生活、自然生活，当然也包括家庭生活。我国最早在1903年的《教育泛论》中就提出家庭教育、学校教育、社会教育同为国民教育的三大支柱。

学校教育是教育制度的重要组成部分，起主导作用；社会教育是指一切影响于个人身心发展的社会教育活动，起重要辅助作用；家庭教育则是生活中家庭成员之间相互的影响和教育，有着不可替代之作用。

陶行知先生是把三者有机结合的典范。在重庆育才时，其子陶晓光去找工作，因没有文凭，就找人开了张文凭证明。

陶行知先生知晓后非常生气，对其子说："宁做真白丁，不作假秀才"，迅即让其退掉。1940年11月5日，陶行知在写给陶晓光的信中说："城（即其四子陶城）每星期六到堡，我也每星期六来一次，教他一些处事待人之方。"

家庭是重要的教育场所。孩子在家的时间远超过在校时间，家庭的环境，父母的行为无时不在影响着孩子的成长；家庭是孩子的第一所"学校"，父母是孩子的第一任导师，而且是一生永恒的导师。学校的教师是可换的，而父母是无法替换的，父母不但给孩子以生命，而且还要塑造孩子的内心世界。学校里一个班，教师要管理四五十个孩子，家庭一对父母只教育一个孩子，而且孩子接触最多的又是父母，对孩子影响最大的也是父母。一个孩子的健康成长将凝聚着家庭几代人的期望，作为一个家庭，把孩子教育好，比什么都重要。

《陶行知生活教育系列丛书》共分10册，依托伟大的人民教育家陶行知先生提出的"生活即教育""社会即学校""教学做合一"的教育思想，列举了现实生活中的大量案例，反复论证了"教育与创新""规矩与成长""品德与分数""知识与财富""尊重与情商""勤奋与责任""生存与发展""音乐与人生"等之间的逻辑关系，强调了父母培养孩子成长、成才的作用，突出了言传身教、行胜于言的风格，提示大家：父母的行为要成为孩子的楷模！使读者不仅读懂家庭教育理论，还渗透了"学为人师，行为世范"的育人风格。

《陶行知生活教育系列丛书》抓住了陶行知思想内在价值与当下教育的契合点、创新点，拓宽了陶行知研究的新领域，较好地回答了当下教育尤其是家庭教育面临的难点、重点问题，在研究的广度、深度上有了新的拓展。内容符合未成年人家庭教育的需要，具有鲜明的时代特征，贴近生活，教育思想观点基本是科学的，具有可操作性。文字通俗易懂，简单明了，写法生动活泼，适合一般文化水平的父母阅读。

（吕德雄　中国陶行知研究会常务副会长兼秘书长，原“晓庄师范”党委书记）

吕德雄

2021 年 11 月 29 日

序三

由周文彪先生总主编的《陶行知生活教育系列丛书》刚定稿，准备付梓出版之际，《中华人民共和国教育促进法》正式发布与实施，这让我们备受鼓舞。这套丛书的问世恰逢其时，也让家庭教育从传统意义上的“家事”变成了新时代发展，民族进步的“国事”！

《中华人民共和国家庭教育促进法》首先明确了家庭教育概念，“本法所称家庭教育，是指父母或者其他监护人为促进未成年人全面健康成长，对其实施的道德品质、身体素质、生活技能、文化修养、行为习惯等方面的培育、引导和影响”，之后强调了“家庭教育以立德树人为根本任务，培育和践行社会主义核心价值观，弘扬中华民族优秀传统文化、革命文化、社会主义先进文化，促进未成年人健康成长”。同时，《中华人民共和国家庭教育促进法》规定了学校等社会力量对家庭教育的协同任务，规定了“国家鼓励开展家庭教育研究，鼓励高等学校开设家庭教育专业课程，支持师范院校和有条件的高等学校加强家庭教育学科建设，培养家庭教育服务专业人才，开展家庭教育服务人员培训”。不难看出，一方面《中华人民共和国家庭教育促进法》从家庭教育概念，家庭教育主体责任、家庭教育的内容和方式，家庭教育工作机制，国家支持家庭教育的举措，社会力量对家庭教育的协同任务以及国家机关、国家工作人员带头做好家庭教育工作七个方面做出了法定职责与实施规制，从而成为每个家庭及社会各方自觉践行的必须；另一方面，《中华人民共和国家庭教育促进法》还强调了家庭教育、学校教育和社区教育密不可分，由此为各方教育的深度融合与协同育人提供了理论支撑与法律保障。

《陶行知生活教育系列丛书》正是符合了《中华人民共和国家庭教育促进法》的要义，从《教育与创新》《知识与财富》《规矩与成长》《品德与分数》《行为与性格》《尊重与情商》《勤奋与责任》《生存与发展》《音乐与人生》《批评与表扬》10个方面列举了大量案例，剖析了人生的十大要素，不仅启发父母更加注重家庭、家教、家风，增加家庭幸福与社会和谐，配合社会与学校把孩子培养成德、智、体、美、劳全面发展的社会主义建设者和接班人，也为各方面开展家庭教育专业的学习和培训提供了有益的参考书目。期望本套丛书的发行，能汇聚更大的力量，让家庭教育为实现伟大的中国梦发挥独特的作用！

（呼中陶　原北京师范大学党委副书记、北京师范大学珠海分校党委书记）

呼中陶

2021年11月29日

前言

一个人的成就，20%取决于智商，80%取决于情商。孩子在自我认知、自我控制、内驱力、共情和同理心、社交技能五个方面有所成长，情商值就会得到提升。

心理学家告诉我们：父母以自己的行为作为孩子的楷模，孩子就会朝着你所期待的方向去发展，父母对孩子的期待往往会在言语及日常生活中有意无意地显现出来，父母积极正面的期待会使孩子充满自信、生气蓬勃，父母消极负面的期待与评价会使孩子失去信心与发展机会。

寒、暑假里我们常看到父母们带着孩子背着电子琴、小提琴等到处赶场，到底孩子是否是因为自己的爱好而主动愿意学呢？很少有人真正了解孩子的兴趣和爱好在哪里？其结果是：孩子很累，父母更累。

父母仅是一味地追风，对正确的教育理念、人才培养观念没有认真地研究。尤其是一谈到家教就变成了花钱请老师教文化课，而忽略了孩子的情商培养。

孩子走向社会后，在学校学的知识大部分都会遗忘，但是，协作、感恩、创造力、想象力、忍耐力、反省力等，最终会慢慢沉淀下来，而在这些教育方面，父母的家庭教育起着巨大的作用。

《尊重与情商》这本书以“情商”来自“尊重”为主线，

强调“让尊重促使人的情商提升”的理念，深入浅出地阐明了“尊重与情商”的关系，启发父母从尊重的角度出发，注重孩子的情商培养。

在书稿完成之际，我们要特别感谢著名家庭教育专家、中国教育学会家庭教育专业委员会原理事长、中国当代家庭教育科学研究的开拓者赵忠心同志，原北京师范大学党委副书记呼中陶同志，北京师范大学资深教授俞启定同志，中国社会福利基金会原名誉理事长缪力同志，中国陶行知研究会常务副会长吕德雄同志在百忙中给予的精心指导；特别感谢中国社会福利基金会、中国教育学会、中国家庭教育学会、中国陶行知研究会给予的大力支持，感谢长期关注生活教育的同仁和北京师范大学（珠海）分校、暨南大学珠海校区、吉林师范大学分院、湖南工程技术职业学院、《福建基础教育研究》编辑部、范家小学、空直蓝天幼儿园等全国 185 位高等院校、中小幼校（园）长、教师参与研究与实践，使本书圆满完成。

由于本书的编写时间和编者水平有限，不足之处在所难免，恳请广大读者给予批评指正。

2021 年 11 月 29 日

家庭生活教育的四个维度

1	获取生活兴趣的能力	观察视角：准备 / 倾听 / 互动 / 自主 / 达成
2	与父母的沟通互动能力	观察视角：环节 / 呈示 / 对话 / 引导 / 机智
3	新知识理解与评价能力	观察视角：目标 / 内容 / 实施 / 评价 / 资源
4	家庭环境与文化的熏陶	观察视角：思考 / 民主 / 创新 / 关爱 / 特质

阅读本书的观察视角

1	事前准备	孩子做事前准备了什么？是怎样准备的？
		准备得怎么样？准备充分的概率是多少？
		孩子是否养成了事前准备的习惯？
2	耐心倾听	孩子能否耐心倾听你的话？能耐心听多少时间？
		作为父母你能耐心倾听孩子的心声吗？
		倾听时，孩子有哪些辅助行为？
3	与孩子互动	你与孩子有哪些互动行为？能达成目标吗？
		你与孩子互动的时间、过程、质量如何？
		你与孩子就某一问题讨论的时间、过程、质量如何？
		你与孩子户外活动的时间、过程、质量如何？
		你与孩子的互动习惯怎么样？出现怎样的情感行为？
4	让孩子自主	孩子自主学习（活动）的时间有多少？
		孩子自主学习的形式（探究 / 阅读 / 思考）有哪些？
		孩子自主学习有序吗？有无自主探究活动？
		孩子自主学习的质量如何？
5	目标达成	孩子清楚自己的学习目标吗？
		孩子预设目标达成有什么依据？分几个阶段达成？
		近阶段（1 个月 / 半年内）生成过什么目标？效果如何？

6	问题环节	问题是由哪些环节构成的？你是否围绕这些问题沟通？
		这些环节是否面向孩子强调问题的关键点？
		你对不同环节 / 行为 / 内容 / 时间是怎么支配的？
7	正面引导	你是如何引导孩子自主学习 / 工作 / 生活的？
		你对孩子与人的合作能力是如何引导的？是否有效？
		你对孩子探究学习是如何引导的？是否有效？
8	挖潜与启智	面对孩子调皮与犟嘴，你的态度和方法有哪些？
		你如何处理孩子调皮和犟嘴？效果怎么样？
		你使用了哪些非言语行为？效果怎么样？
		你哪些行为感化了孩子（语言 / 体态 / 表情）？
9	共同思考	幸福生活是否与知识 / 技能有关？
		对孩子的引导是否有利于问题的解决？
		怎样引导孩子独立思考并自己处理问题呢？
		家庭气氛能否促使孩子独立自主地生活？
10	民主与创新	你与孩子的沟通效果怎么样？
		孩子参与集体活动的时间是怎样的？气氛如何？
		你的行为是否成为孩子的榜样？
		孩子与其他小朋友的关系如何？
		家庭创新设计、情境创设与资源利用有何新意？
		家庭气氛是否有助于孩子成长？你是如何处理的？
		孩子生活有哪些新目标 / 资源？你是如何处理的？
11	关爱与特质	孩子的生活目标是否面向未来？
		你是如何面对孩子的特殊情况的？
		孩子遇到学习困难时，你是如何关注和引导的？
		家庭环境体现了哪些有利于孩子走出困境的因素？
		家庭环境有助于孩子修正错误、健康成长吗？

目录

Part 1　要尊重孩子的隐私

Part 2　要尊重孩子间的友情

Part 3　要善于发现和培养孩子的个性

Part 4　“爱”孩子不能忽略的“原则”

陶行知说：先生不应该专教书；他的责任是教人做人。学生不应当专读书；他的责任是学习人生之道。

Part 1

要尊重孩子的隐私

- 陶行知经典故事
- 什么是“尊重”
- 情绪与情商的培养
- 孩子情绪不佳的疗法
- 要尊重孩子的隐私
- 要保护好孩子的隐私
- 要尊重孩子的那点小秘密
- 不要窥探孩子的隐私
- 尊重孩子要从“敲门”开始
- 要让孩子有独立的空间

陶行知经典故事

教育家陶行知非常注重对孩子的教育，常劝孩子在少年时代要勤奋学习，莫误好时光，曾作诗赠给孩子：“人生天地间，各自有禀赋，蹉跎悔歧路，为一大事来，做一大事去，多少白发翁，寄语少年人，莫将少年误。”

陶行知认为：人生这件大事即是改造社会、改造环境，他非常重视国民教育，认为“教育是共和国的保障”，因此，他把毕生精力都投入“教育”这一大事中来。

什么是“尊重”

人们因立场和观察角度不同，对人格的本质做出了迥然不同的判断，但是有一点是共同的：人是权利与义务的载体。

尊重人格就是尊重他们与生俱来的权利，并在理解与关爱的前提下为每个人正常行使权利提供充分的保障。

尊严，简言之，尊贵而庄严。人是尊贵的，因为人作为万物中最高级的动物，其主要特征是拥有人格，是万物之灵，拥有比其他生物更高级的智慧、更丰富的情感、更广阔的胸怀。这种高贵的品质不能转接、不能交易，更不能被剥夺。

人生可以遭逢坎坷，可以怀才不遇，可以碌碌无为，但是，人一旦拥有一种基本固定不变的人格，必将为自己的梦想而不惜一切代价地去拼搏，没有一个人会主动放弃人格，也就是说：人们对人格尊严的维护，最需要的就是“尊重”。

有人问：人生最需要的是什么？“权利？”“金钱？”“地位？”实际上都不是，试想：人一旦失去了“尊重”，他所获取的这一切还有意义吗？

所以，我们说尊重包含着一个人是否存在的客观事实。获取别人的“尊重”是人所应拥有的基本权利，也是在任何环境、任何情况下都无法替代的。

【案例1】

一个文豪遇到一个乞丐，很想给予施舍，由于出行匆忙，身上没带一分钱，乞丐的手向他高高举来，无奈之际，他大踏步地走到乞丐面前，握住乞丐的手说：“兄弟，实在对不起，我今天没带钱。”乞丐含着眼泪说：“你能握住我的手，叫我兄弟，我已经感激不尽了。”

【分析】

文豪对乞丐的行为告诉我们：懂得尊重才是一个人最高的境界。人的社会地位不同，所受教育不同，我们不能用鄙视和歧视的眼光去对待别人，也不用去羡慕别人，应尊重每个人的不同。爱人之，人恒爱之，尊重别人，也会得到别人的尊重。

【案例2】

美国石油大亨哈默曾经是一个落难者，有一天，他和一群人来到一个小镇上，镇长给每个人发了食物，哈默说：“您这里有活干吗？我干完活儿再吃你的饭。”镇长说：“没有。”

哈默扭身要走。镇长连忙说：“年轻人，愿意到我的农场干活吗？”哈默满口答应。

于是，他留了下来，二十年后，他成了世界著名的实业家。

【分析】

这个案例让我们看到在石油大亨哈默还是一个落难者的时候，坚持通过自己的劳动来获取食物，体现了哈默对自己的尊重，对自己人格的尊重。

孔子曰：“君子不重，则不威，学则不固……”君子如果不自重，就没有威严，而所学的东西也不会牢固。所以，首先要学会自我尊重，才能赢得别人的尊重。

认知：

理解：

做件什么事	怎么做的	做中的感悟

准备：

学会做：

情绪与情商的培养

情商就是个人的情绪、意志、耐挫能力、人际交往能力的情绪商数。情商高的人往往受到他人的尊重，在各种场合都能顺风顺水，让人羡慕。

提高孩子的情商首先要从说话开始。从小就要培养孩子：不该说的不说，该说的要说好听些。

父母要身体力行地感染孩子，控制自己的情绪。能够控制自己情绪的人，一般都拥有较高的情商，他们总是不漏声色，让人捉摸不透……

另外，要影响孩子学会换位思考，要设身处地地站在别人的角度考虑……

无数的实践表明：人的成就，20%取决于智商，80%取决于情商。

如果我们发现自己的孩子在别人看来还不错，自己却总是不自信，这可能是孩子的自我认知出了问题。怎么办？答案很简单，在孩子的自我认知上加强培养；如果发现孩子不会调节自己的情绪，平时容易焦虑、发脾气，这就需要加强自我控制；如果发现孩子做事效率低，精力不集中，就需要提高孩子的内驱力；如果发现孩子不懂察言观色、说话总得罪人，这就要在培养共情和同理心上加强培养；如果发现孩子总习惯于自己埋头苦干，不懂得借势、借力、借资源，这就需要提高孩子的社交技能。

在日常生活中我们总结出构成情商的五大要素，即自我认知、自我控制、内驱力、共情和同理心、社交技能，这也是促使孩子提高情商的关键。

自我认知就是面对任何事情都要坦诚、自信，对于自己出现的错误要主动反思，敢于自嘲。

自我控制就是要培养孩子逢事“三思而后行”，遇有不同意见敢于说“不”，遇变不惊，始终保持一种坦然开放的态度，遇有挫折深思而内省。

内驱力就是要培养孩子强烈的成就动机，有句俗话：

“不达目的誓不罢休”，就是内驱力的表现，无论遇到任何难题都要保持乐观向上、遇事忠诚的心态。

共情和同理心培养就是注意培养和保护孩子的兴趣，注意孩子跨文化的敏感性，服务他人的热心。

社交技能培养就是要培养孩子注重人际关系，与人交往要以理服人，谈吐要有说服力，要有团队意识。

那么，如何培养孩子的情商呢?

1. 自觉情绪能力

自觉情绪能力的培养就是要让孩子自省，即常让孩子察觉自己的情绪对自己言行的影响，每当孩子闹情绪时，父母要抓住机会，和孩子一起分析其情绪对行为的影响，让孩子意识到：要有好的行为，必须控制好自己的情绪。比如，孩子因心情急躁而哭泣。“哭”的行为是由于“急躁”的情绪造成的，因此父母就要帮助孩子克制“急躁”的情绪，避免“哭”的行为发生。

2. ABC 情绪理论

情绪ABC理论是由美国心理学家埃利斯创建的，认为激发事件A（activating event的第一个英文字母）只是引发情绪和行为后果C（consequence的第一个英文字母）的间接原因，而引起C的直接原因则是个体对激发事件A的认知和评价而产生的信念B（belief的第一个英文字母），即人的消极情绪和行为障碍结果（C），不是由于某一激发事件（A）直接引发的，而是由于经受这一事件的个体对它不正确的认知和评价所产生的错误信念（B）所直接引起。

错误信念也称为非理性信念。由于孩子常有一些不合理的信念，才会产生情绪困扰。这些不合理的信念存在，就会引起情绪障碍。情绪ABC理论中：A表示诱发性事件，B表示个体针对此诱发性事件产生的一些信念，即对这件事的一些看法、解释。C表示自己产生的情绪和行为的结果。

【案例1】

有一个年轻人，自我感觉很有才华，但在生活上遇到很多波折，于是便觉得活着没有意思。有一天他决定跳海，他刚跳下去就被一个老渔民用渔网捞了起来。

他很生气，冲着老渔民嚷道："你什么意思，把我捞起来干什么？"老渔民说："年轻人，为什么跳海呀，你这么年轻多可惜呀！"年轻人对老人诉说了他的苦衷。

老渔民听完说道："哎呀，你如今遇到我，运气来了。我正好是治怀才不遇的专家，我帮你治治吧。"年轻人很诧异，急忙问老渔民医治之法。

老渔民说："我有秘诀，如果你想知道，就必须答应我一个条件。"

老渔民说着顺手从沙滩上捡起一粒沙子，往旁边一扔说："年轻人，帮我去把我刚才扔掉的那粒沙子捡过来，然后我就告诉你。"

年轻人听了很生气说："你想耍我呀？这么多沙子，我怎么知道哪粒是你扔掉的呀？"

老人听了笑着说："别生气，我还有个条件，如果你满足了我这个条件，我就告诉你。我这里有一颗珍珠，我把它扔到沙滩上，你去给我找回来。”

年轻人很快地把珍珠捡了过来，交给了老渔民，并很兴奋地说：“老人家，我把珍珠捡过来了，可以告诉我秘诀了吧？”老渔民说：“年轻人，秘诀我已经讲完了。”

【分析】

这个故事告诉我们：有些人之所以有怀才不遇的感觉，是因为自己是无数沙子中的一粒，跟旁边的沙子没有太大的区别，如果自己是一颗珍珠，就很容易被发现。

【案例2】

小丽大学时学的是中文，后来，进入了一家广告公司，拥有优越的工作环境和丰厚的年薪。按说，应该不会有跳槽的念头。

一天，小丽为老总写一个活动的演讲稿，怎么也不能让老总满意。小丽硬着头皮改了七八次，可还是被老总批得体无完肤，还说她完全不是搞文字的料。

小丽认定是老总有意为难她。心想：自己怎么碰到这么个挑剔的老板呢？真是命苦啊！一连几天，小丽都陷入这种痛苦又无法摆脱的情绪中不能自拔，老总的发言稿没再让她写，而是让比她早一年到公司的师姐代劳了。

对此，小丽很不高兴。一方面觉得老板针对了她，另一方面又觉得师姐代劳她的工作伤了她的自尊。

回到家里，妈妈劝她说：“工作上的困难，谁都遇到过，谁都不会高兴，关键是你自己怎么看待这个困难。世界上没有一个老板会无缘无故地为难一个员工，老板这样做，对你也是一个磨炼的好机会，生活中很多本领都是在特定的情况下学到的。你不妨虚心一点，跟你师姐好好学习一下。”

几天后，师姐和她共同完成了演讲稿，老板很满意，并拍着她的肩膀说：“小丽，你还是有潜力的，工作的时候要勤于把它挖掘出来呀！”听了老板这样的肯定，她顿时又觉得老板是个和蔼的领导了。

【分析】

小丽的认知改变了，情绪改变了，结果也改变了。这个案例提示我们，当情绪不好的时候，不妨问问自己，为什么这么不开心，是不是自己把有些事情想得太严重了，或是理会错了上司的意思。换个想法，就能换个心情。

认知：

理解：

做件什么事	怎么做的	做中的感悟

准备：

学会做：

孩子情绪不佳的疗法

合理情绪疗法是认知疗法的一种，因为采用了行为治疗的一些方法，其基本理论主要是ABC理论，可归纳为以下几点：

（1）人们处理问题时有理性的、合理的，也有无理性的、不合理的。当人们按照理性去思考、去行动时，就会很愉快、富有竞争精神及行动的有效性。

（2）情绪是伴随人们的思维而产生的，情绪上或心理上的困扰是由于不合理的、不合逻辑的思维所造成的。

（3）人具有一种生物学和社会学的倾向性，倾向在有理性的合理思维和无理性的不合理思维之间。即任何人都不可避免地具有或多或少的不合理思维与信念。

（4）人是有语言的动物，思维借助于语言而进行，不断地用内化语言重复某种不合理的信念，将导致无法排解的情绪困扰。

人的情绪不是由某一诱发性事件的本身所引起，而是由经历了这一事件的人对这一事件的解释和评价所引起的。这就成了ABC理论的基本观点。在ABC理论模式中，A是指诱发性事件；B是指个体在遇到诱发事件之后相应而生的信念，即对这一事件的看法、解释和评价；C是指特定情景下，个体的情绪及行为的结果。

通常人们会认为，人的情绪的行为反应是直接由诱发性事件A引起的，即A引起了C。ABC理论指出，诱发性事件A只是引起情绪及行为反应的间接原因，而人们对诱发性事件所持的信念、看法、解释，是引起人的情绪及行为反应的更直接的原因。

【案例1】

两个人一起在街上闲逛，迎面碰到他们的领导，但对方没有与他们招呼，径直走过去了。其中的一个人是这样想的："他可能正在想别的事情，没有注意到我们。即使是看到我们也没理睬，还可能有什么特殊的原因。"而另一个人却有不同的想法："是不是上次顶撞了他一句，他就故意不理我了，下一步可能就要故意找我的麻烦了。"

【分析】

两种不同的想法就会导致两种不同的情绪和行为反应。

前者可能觉得无所谓，该干什么仍继续干自己的；而后者可能忧心忡忡，以致无法冷静下来干好自己的工作。从这个简单的例子中可以看出，人的情绪及行为反应与人们对事物的想法、看法有直接关系。

在这些想法和看法背后，有着人们对一类事物的共同看法，这就是信念。这两个人的信念，前者在合理情绪疗法中称之为合理的信念，而后者则称之为不合理的信念。合理的信念会引起人们对事物适当、适度的情绪和行为反应；不合理的信念相反，往往会导致不适当的情绪和行为反应。当人们坚持某些不合理的信念，长期处于不良的情绪状态之中时，最终将导致情绪障碍的产生。

【案例2】

有一个年轻人失恋了，一直摆脱不了事实的打击，情绪低落，已经影响到了正常生活，没办法专心工作，无法集中精力，头脑中想到的总是前女友的薄情寡义。他认为自己在感情上付出了，却没有收到回报，自己很不幸。于是，他找到了心理医生。

心理医生告诉他："你的处境并没有那么糟，只是把自己想得太糟糕了。"心理医生在给他做了放松训练，减少了他的紧张情绪之后，举了个例子，"假如有一天，你到公园的长凳上休息，把你最心爱的一本书放在长凳上，这时，一个人径直走过来，坐在椅子上，把你的书压坏了。你会怎么想？"

"我一定很气愤，他怎么可以这样随便损坏别人的东西呢！太没有礼貌了！"年轻人说。"那我就告诉你，他是个盲人，你又会怎么想呢？”心理医生接着耐心地继续问。“哦——原来是个盲人。他肯定不知道长凳上放有东西！”年轻人摸摸头，想了一下，接着说，“谢天谢地，好在只是放了一本书，要是油漆、或是什么尖锐的东西，他就惨了！”“那你还会对他愤怒吗？”心理医生问。“当然不会，他是不小心才压坏的嘛，盲人也很不容易的。我甚至有些同情他了。”

心理医生会心一笑：“同样的一件事情——他压坏了你的书，但是前后你的情绪反应却截然不同。你知道是为什么吗？”“可能是因为我对事情的看法不同吧！”

对事情不同的看法，能引起不同的情绪。很显然，让我们难过和痛苦的，不是事件本身，而是对事情的不正确的解释和评价。这就是心理学上的情绪ABC理论的观点。

【分析】

情绪ABC理论认为：正是由于我们常有的一些不合理的信念，才使我们产生情绪困扰，如果这些不合理的信念日积月累，还会引起情绪障碍。

对于上面这个失恋的年轻人来说，失恋只是一个诱发事件A，结果C是他情绪低落，生活受到影响，无法专心工作；而导致这个结果的，正是他的认知B——他认为自己付出了，一定要收到对方的回报，自己太傻了，太不幸了。假如他换个想法——她这样不懂爱的女孩不值得自己去珍惜，如今，她离开可能避免了以后她对自己造成更大的伤害，那么他的情绪体验显然就不会像如今这么糟糕。

认知：

理解：

做件什么事	怎么做的	做中的感悟

准备：

学会做：

要尊重孩子的隐私

隐私权是指自然人享有的私人生活安宁与私人信息秘密的依法受到保护，不被他人非法侵扰、知悉、收集、利用和公开的一种人格权，而且权利主体对他人在何种程度上可以介入自己的私生活，对自己是否向他人公开隐私以及公开的范围和程度等具有决定权。

隐私权作为一种基本人格权利，是指公民“享有的私人生活安宁与私人信息依法受到保护，不被他人非法侵扰、知悉、搜集、利用和公开的一种人格权”。

隐私权的法律制度受到各国的回应，法国1978年通过了一项有关资料处理的法律规定：资料的处理不得损害个人身份、自由。在德国，“二战”以后，因为新宪法确立了一般人格权，从而隐私权也逐渐确立了其地位。德国一般通过法律保护隐私权，其主要法律依据是民法典第12条、第823条、第824条、第825条和宪法第1条、第2条。此外，也制定了一些单行法规，如1977年颁布的《联邦数据保护法》等。

涉及隐私的犯罪行为，可以不公开审判，国际法都给予保护。联合国大会1948年通过的《世界人权宣言》第12条规定：“任何人的私生活、家庭、住宅和通信不得任意干涉，他的荣誉和名誉不得加以攻击。”

1966年联合国大会通过的《公民权利和政治权利国际公约》第17条也规定：“刑事审判应该公开进行，但为了保护个人隐私，可以不公开审判。”

隐私权的主体应为自然人，不包括法人。隐私权的宗旨是保持人的心情舒畅、维护人格尊严，而且，隐私权是一种人格权，是存在于权利人自身人格上的权利，即以权利人自身的人格利益为目标的权利。

人格权最明显的特征在于其非财产性，隐私权受到侵犯后，会构成一种人格伤害、内心的不安，而企业法人的秘密受到侵犯后会构成企业经济利益的损失。法人虽然也有秘密，但属于商业秘密的范畴，应用《反不正当竞争法》来保护。

从逻辑上说，死者不应享有隐私权，但法律应对死者生前的隐私权继续给予保护。

其理由是死者不是法律意义上的人，不能有任何权利，自然也包括隐私权，对死者生前隐私的保护，是一种利益，是死者近亲属以及利害关系人的感情和名誉利益。

相对于死者而言，隐私权已没有意义，但死者生前的隐私与其近亲属以及利害关系人密切关联，构成近亲属的感情因素或名誉的一部分，揭露死者的隐私，很可能使生存的近亲属以及利害关系人遭受精神痛苦，这样对死者的隐私保护，也就是对生存者名誉的维护。

1. 从主观上讲

从主观上讲，隐私权包括公民生活安宁权、生活情报保密权、通讯秘密权和隐私利用权。

生活安宁权是指公民按照自己的意志从事或不从事某种

与社会公共利益无关或无害的活动，不受他人干预、破坏或支配。

生活情报保密权是指公民生活情报，包括公民生活中所有的信息和资料，诸如身高、体重、女性三围、病历、身体缺陷、健康状况、生活经历、财产状况、婚恋、家庭、社会关系、爱好、信仰、心理特征等，权利主体是指公民有权禁止他人非法使用孩子生活情报资料。

通讯秘密权利主体是公民有权对信件、电报、电话、传真及谈论的内容加以保密，禁止他人非法窃听或窃取。隐私权制度的发展在很大程度上是与现代通讯的发达联系在一起的，信息处理及传输技术的飞速发展，使公民通讯的内容可以轻而易举地被窃听或窃取，因而，保障公民通讯的安全已成为隐私权的一项重要内容。

隐私利用权的权利主体是说公民有权依法按自己的意志利用其隐私，从事各种满足自身需要的活动。比如，利用公民的生活情报资料撰写自传、利用自身形象或形体供绘画或摄影的需要等。对这些活动不能非法予以干涉，但隐私的利用不得违反法律的强制性规定，不得有悖于公共秩序，即权利不得滥用。

2. 从客观上讲

从客观上讲，隐私权包括公民享有保守姓名、肖像、住址、住宅、电话等秘密的权利，未经其许可，不得加以刺探、公开或转播；公民的活动，尤其是在住宅内的活动不受监视、监听、窥视，但依法监视居住者除外；公民的住宅不得非法侵入、窥视或者骚扰；公民的性生活不受他人干扰、窥视、调查或公开；公民的储蓄、财产状况不得非法调查或公布，但是，依法需要公布财产状况者除外；公民的通信、日记和其他私人档案（包括储存于计算机内的私人信息）不得刺探或公开，公民的数据不得非法搜集、传输、处理和利用；公民的社会关系，包括亲属关系、朋友关系等，不得非法调查或公开；公民的档案材料，不得非法公开或扩大知晓范围；公民向社会公开的过去或现在的纯属个人的情况（如多次失恋、被罪犯强奸、患有某种疾病等），不得进行收集或公开；公民的任何其他纯属于私人内容的数据，不得非法加以搜集、传输，处理和利用等。

3. 隐私权的客体

隐私权的客体是隐私。对隐私的界定，由于民族文化，人们生活习惯的差异，法学界可谓：仁者见仁，智者见智。

【案例1】

一位父亲说："虽然我很想看看孩子日记里写了什么，手机里有什么秘密，如果想知道，并不是难事，但还是抑制住了自己的好奇心。"

【分析】

在人格和尊严面前父母与孩子之间没有高低贵贱之分，孩子毕竟是孩子，当他感觉到父母的诚意后，心里的话就会源源不断地倾泻而出，那本带锁的日记并锁不住相互交流的心。

孩子的日记里记载了什么不重要，父母要允许孩子有自己的隐私，并尊重它的存在，只要孩子的心灵是健康无尘的就好。

这是一位开明的父亲，他用真诚来感化孩子，这样孩子就会对父母敞开心扉，父母就可以了解孩子在想什么，做什么，需要的时候给予孩子信任和支持，给予孩子充分的理解，让孩子身心快乐地成长。

孩子是有感情，有他自己的想法和行为方式的，所以，孩子有自己的隐私也是极其正常的事情，父母需要做的是尊重孩子的隐私。

【案例2】

一位母亲担心自己的女儿早恋，经常跟踪女儿，并且随便拆开女儿的信件来看。

当她的女儿抗议说这是个人隐私时，这位母亲却说："你才多大呀，就开始有隐私了？你知道什么是隐私吗？那些见不得光的脏东西，才叫隐私呢！小小年纪你就要隐私？"

女儿眼巴巴地看着母亲，半天无语，默默地回到自己的房间，痛哭起来……

【分析】

从这个案例可以看出这位母亲严重侵犯了孩子的隐私，这是对孩子的不信任和不尊重，长此以往，孩子就会对父母产生逆反心理。

在家庭教育中，父母和孩子应有一种契约精神，以民主、协商的方式相互交流。比如，父母进入孩子房间要敲门，用孩子的东西要得到允许，等等，要把孩子当作成人一样尊重。

认知：

理解：

做件什么事	怎么做的	做中的感悟

准备：

学会做：

要保护好孩子的隐私

随着因特网技术的广泛使用，已经引起了许多隐私权问题，它还会在将来社会发展的过程中对人的许多方面带来意想不到的问题，在网络带来的隐私权问题中，一个关键的问题就是有关数据权利的问题。

数据是指用来标识基本情况的一组资料。具体而言，数据主要包括：标识基本情况，标识生活、学习、工作经历、社会情况等与网络有关的信息。与网络有关的信息包括以下四个方面。

1. 孩子登录的身份、健康状况

网络用户在申请上网开户、主页、免费邮箱以及申请服务商提供的其他服务（购物、医疗、交友等）时，服务商往往要求用户登录姓名、年龄、住址、居民身份证编号、学习与工作单位等身份和健康状况，服务商有义务和责任保守个人秘密，未经授权不得泄露。

2. 公民的信用和财产状况

公民的信用和财产包括信用卡、电子消费卡、上网卡、上网账号和密码、交易账号和密码等。

公民在上网、网上交易时，登录和使用的各种信用卡、账号均属个人隐私，不得泄露。

3. 邮箱地址

邮箱地址同样是个人隐私，用户大多数不愿将之公开。掌握、搜集用户的邮箱并将之公开或提供给他人，致使用户收到大量的广告邮件、垃圾邮件或遭受攻击而不能正常使用，使用户受到干扰，显然也侵犯了用户的隐私权。

4. 网络活动踪迹

公民在网上的活动踪迹，如IP地址、浏览踪迹、活动内容均属公民的隐私。

【案例1】

王晓的女儿在电脑上聊QQ，突然对王晓宣布："从现在起不许看我QQ。"王晓笑着说："什么事啊？是不是找男朋友了？"女儿说："您不要乱讲，怎么可能？"王晓说："没有男朋友搞得这么神秘干什么！"。

女儿说："我在贴吧找了个QQ群加入，都跟我差不多年纪，我们在聊动画片。"王晓说："不就是什么暧昧，什么亲嘴嘴，有什么了不起的。"女儿说："才不是呢！是在聊动画里的人。"

王晓说："虚拟帅哥呀，那你就比老妈差远了，老妈最近在群里聊真实帅哥，就是那个钟××。"

女儿说："我知道，不是你一直在看的那个嘛。"

王晓说："对啊，最近才跟人聊起杀生丸，那个杀杀可是老妈最爱，要不给你的群里推荐一下，长得都人模狗样，超级漂亮。"

女儿说："是呀，一般这种超帅的都是主角身边最不重要的那个。”

王晓说：“你蛮厉害的，挺有经验呀！”

女儿说：“妈妈，聊动画的群里倒是有个挺帅的哥哥，反正头像挺帅，挺想和他聊的，老妈，不要笑话我呀，也不许跟别人说。”

王晓说：“哦，看看，看看，我女儿也有不好意思的时候，不就是个帅哥吗？喜欢就聊嘛，谁知道到底是不是帅哥呢！”王晓捂着嘴偷笑着，接着说：“这算啥事儿，放心吧，你知我知，天知地知，拉钩。”女儿说：“好，拉钩。”

【分析】

这是一位聪明的母亲。女儿的一句“从现在起不许看我QQ”让她一下子警觉起来，但她并没有采用带有情绪的表达，而是用极其轻松和幽默的口吻和孩子聊彼此感兴趣的话题来了解孩子内心真实的想法，通过交流了解到原来女儿“迷上”了一位网络“帅哥”，为了让孩子放心，用“拉钩”的方式来帮助孩子保守个人秘密，这样既释放了孩子内心的“心结”，也得到了孩子的信任，进一步加深了亲子之间的情感交流。

所以，父母要经常和孩子沟通、交流，信任孩子、理解孩子、宽容孩子，父母越尊重孩子的隐私，与孩子的距离也就越近。

【案例2】

朗朗今年上初中，每天都按时回家吃晚饭做作业，父母觉得孩子挺好，不像其他孩子那样，每天就知道玩，很晚才归家。但是，最近朗朗在吃完饭、写完作业之后都在房间打电话，每天都是如此。

妈妈突然觉得是不是儿子谈恋爱了，毕竟现在的孩子接触面广，也早熟快。再加上孩子最近和自己也不亲热了，于是妈妈偷偷摸摸地拿起楼下的电话。

楼下的电话和朗朗房间的电话是通的，只要拿起电话就可以听到朗朗和电话那头孩子的说话内容，抵不住好奇心的妈妈在一旁偷偷地听，连大气都不敢喘一声。

听了一会儿之后，妈妈慢慢地把电话挂断，其实妈妈也知道自己这样做是不对的，但总控制不住自己，尤其是孩子长大之后，妈妈就像一个侦探。

【分析】

这位母亲把孩子当成了自己的附属品，觉得是她儿子，就必须要知道他的一切，否则就是“失职”。这种对孩子的不信任和不尊重的态度会让孩子害怕父母，慢慢就会远离父母。父母应该时刻注意孩子的言行举止，及时了解孩子内心世界的蛛丝马迹，以便对症下药，给予孩子正确的引导。

认知：

理解：

做件什么事	怎么做的	做中的感悟

准备：

学会做：

要尊重孩子的那点小秘密

当孩子有了独立意识后，他们就有了自己的思想和准则，开始尝试独立，首先表现为在思想上逐渐挣脱父母的束缚，拥有独立的自我空间。这个自我空间里存有孩子的隐私、自信心、思想、表现欲等。父母习惯性地认为：孩子是自己的，孩子的一切，父母都要知晓。但是，孩子之所以把他们的隐私藏在心里或者日记本中，就是不希望有人来分享他的秘密。

孩子也需要有自己的私人空间，父母要做孩子的知心朋友，而不是孩子私人空间的“入侵者”。

《中华人民共和国未成年人保护法》规定：对未成年人的信件、日记、电子邮件，任何组织或个人不得拆开、查阅。即便是父母，偷看孩子的日记、书信等也是违法的。父母偷看孩子的隐私会伤害孩子的自尊，孩子还会因为自己的隐私受到侵犯而采取极端的方式保护自己，从而引发尖锐的矛盾，产生连锁反应。

这样，父母想要更深入地了解孩子就变得更困难了，孩子不仅对父母失去信任，还会因为失去安全感而产生抑郁、焦躁等情绪，甚至出现性格扭曲等不良后果。所以，保护孩子，就要保护孩子的隐私，这才是聪明的父母应当采用的办法。

【案例1】

妈妈：

我知道您又偷看我的日记了。自从爸爸发现我的日记本以来，您就用各种借口进入我的房间，偷看我的日记。为此，我跟您和爸爸认真谈过，您还保证以后再也不看了。我把日记本藏在不同的地方，可每次您都能找得到。

后来被我发现了，您就说：“小孩儿没有秘密可言，我是你妈，你的日记我有权利看。”难道我就不能有自己的秘密吗？如果写日记是为了让大人偷看的话，那还写日记干什么？您光是看看也就算了，居然还把我的秘密公开！我和佳佳闹矛盾，不想和她同桌了，我们后来又和好了，可老师把我们分开了。我去找老师时，老师说是您要求的。您看了日记后，为了不耽误我的学习就来找老师了！

妈妈，您这样做让我很难受，为什么您偷看我的日记，还要偷偷地跟老师讲呢？我决定再也不写日记了，也省得您整天在我房间找日记本。

我不明白，为什么您一直说尊重我，却连这一点都做不到呢？大人可以有那么多的秘密，为什么我却连一个日记本的空间都不能有呢？

女儿：安安

开始，安安妈只是偷看安安的日记，并没有说什么。

有一天，看到女儿闷闷不乐的样子，忍不住说："不就是和同桌闹点小矛盾嘛，有什么大不了的！"

安安听了，一下子哭了起来："这件事我跟谁都没有说过，妈妈准是偷看我的日记了。"

虽然安安妈一再解释是从别人那里听说的，可是安安却悄悄地把放日记本的抽屉加了一把小锁。

【分析】

父母要允许孩子有自己的小秘密，不要试图去窥探孩子的秘密。如果孩子想跟父母分享，他自然会跟父母说，如果孩子不想说，就不要去打听。

父母一定要明白：孩子是独立的个体，他有自己的思想、自己的想法，父母需要做的就是要尊重孩子。

认知：

理解：

做件什么事	怎么做的	做中的感悟

准备：

学会做：

不要窥探孩子的隐私

根据当今社会现实，保护孩子的安全是每位父母的首要任务，孩子只有安全，才能确保获得更多的机会，为此，父母对孩子的行为不得不进行大量干预。

让孩子在竞争日益激烈的社会中有立足之地，是父母无法推卸的责任。

因此，在孩子的童年，我们抱着“不能犯错”的心态陪伴他们，尽可能多地控制各种危险事情的发生。

在许多情况下，虽然我们知道这是他们的童年生活，但是，还是担心：如果没有我们的参与，他们就不会成功。换句话说就是：我们非常乐意为他们服务。

大事、小事都想“在场”，已经成了我们不成文的规则，也是我们的思维方式以及作为父母的责任感。

当孩子白天出门时，我们都会跟他们再见，然后相信孩子一路遇到困难自己有能力解决，相信老师会教得很好，相信校长可以管理好学校，相信裁判会做出公正的裁决……

今天，对管理孩子生活的权威人物，我们却不敢太放心。于是，为自己创造了各种角色，即充当孩子的私人侦探，扮演类似经纪人的角色如：观察者、打理者、中间人等。在孩子与其他人的交往中，我们作为第三方总想深度介入，有时还表现得咄咄逼人。大事、小事我们从不缺席，要么亲自出场，要么通过手机远程参与；“我们”在孩子的脑海里一直阴魂不散，充当孩子的眼睛、耳朵，帮他们预测问题，为他们提供文件、材料，在他们需要提问或回答问题时进行干预，有时还总想窥听一下孩子的秘密，偷看一下孩子的日记。

试想：这种由溺爱演变而来的不信任制度，又会给孩子带来什么呢？总而言之，是不相信孩子能解决好自己的问题，就是不相信孩子能长大。我们是否阻碍了孩子的成长，影响了孩子自己的创新、创造和美好的未来呢？

【案例1】

妈妈在打扫房间时，发现了芳芳藏着的日记。

想起最近女儿有点儿奇怪，打电话总是在没有人的地方，神色也不是很自然。妈妈知道，孩子已经有了自己的“小秘密”。

第二天，妈妈就买了一把锁给芳芳，并告诉她“如果有秘密，就把日记锁在自己的抽屉里”，并表示自己和爸爸一定不会偷窥她的隐私。

芳芳接过锁和钥匙，暗自庆幸自己有这么开明的父母。

芳芳妈妈很了解孩子的心理，知道女儿有自己的“小秘密”了。孩子想拥有自己的空间，也希望别人尊重她的隐私。

这是孩子独立和自尊的一种表现。从此孩子就会逐步减少对父母的依赖，其内心也变得敏感起来。这时候，如果父母采用偷看或强硬手段来了解孩子的隐私，而无视孩子的感受，不仅伤害亲子关系，更会伤害孩子的自尊心。

此时的父母，不妨对孩子表明立场，表示尊重孩子的隐私，并协助保护孩子的空间，减少孩子的疑虑和不安，使孩子信任父母，让孩子感受到父母的尊重。

【分析】

芳芳妈妈很聪明，她发现孩子的日记并没有紧张，反而是更加理解孩子，还主动给孩子买了，让孩子把秘密锁在抽屉里，这让孩子非常感动，无形中就拉近了和孩子的距离。

随着孩子年龄的增长和独立人格逐渐形成，喜欢保密的特点越来越明显，对自己的日记、书信等都不愿和父母披露，这个时候父母就要尊重孩子，不要强迫孩子，对孩子不想说、不想做的事情，就不再问。

父母用自己的言行去赏识和尊重孩子，孩子也同样会尊重你，把你当成他的朋友。

【案例2】

一个迈入青春期的女孩，在日记本中写下了自己对班上一位男同学的倾慕之情，其实这只是青春期孩子的正常表现，但是她的妈妈偷看后，对女儿进行了激烈地责骂，而且还将日记本交给了老师看，老师还当着全班同学的面批评了她。这个女孩觉得自己没脸见人，最后自寻短见。

【分析】

这个案例的妈妈的行为具有一定的普遍意义。她以

“爱”之名掌控着女儿的一切动向，像男女同学间的关系、学习是否认真等敏感问题更是像炸弹一样触动着他们的每一根神经。像这个案例中的妈妈，本是爱女儿，却变相伤害了女儿，没有人愿意接受这样的爱。父母应该换位思考，从孩子的角度去理解孩子，信任孩子，尊重孩子，多与孩子交流。

认知：

理解：

做件什么事	怎么做的	做中的感悟

准备：

学会做：

尊重孩子要从“敲门”开始

尊重孩子的隐私，可以表现为更多的细节，如父母进入子女的房间应该先敲门；不随意翻看子女的日记；整理或移动孩子的物品事先征求孩子的同意，等等。这些细节，能让孩子体会到自己被当作大人一样的尊重。

很多父母并没有意识到，进入孩子的房间也需要敲门。

父母经常告诫子女进入别人的房间要敲门，但是自己进入孩子的房间却很少敲门。当孩子还处在婴儿期的时候，孩子的所有事都是父母决定的；当孩子长大的过程中，如果父母不以身作则，孩子又怎么能在父母的引领下养成好的习惯呢？

【案例1】

赖斯莉有一个12岁的女儿——劳拉。她非常尊重女儿的隐私权，从来不会偷看女儿的日记或翻她的东西，赖斯莉认为：“那些东西都属于私人物品，我也不愿意别人随便翻我的皮包，或偷看我的信件。”赖斯莉在青春期的时候，也有写日记的习惯，也不想被任何人偷看，包括自己的父母，她说：“这并不是因为我写了见不得人的东西，只是因为这是我个人的思想，只有我有权力看。”所以，赖斯莉非常明白女儿的感受。

当劳拉过完12岁生日以后，赖斯莉就告诉她：“宝贝，你已经是个大姑娘了，要学会自立，遇到问题要试着自己解决。如果碰上实在难以解决的问题，可以告诉爸爸妈妈，我们会帮助你的。”然后，赖斯莉从包里掏出了一个带锁的日记本，告诉她：“如果有什么话不想和父母说，就写在日记里，然后上好锁，以免爸爸妈妈因为好奇而偷看。”劳拉对父母的行为很感动，也对父母越来越信任，愿意和父母沟通，并会主动、自愿地告诉他们一些小秘密。

有一次，劳拉放学后就跑进了自己的房间，赖斯莉发现孩子有些不对，便在外面敲了敲门，说：“宝贝儿，妈妈可以进来吗？”

“可以，您进来吧。”劳拉轻声说道。

赖斯莉走进劳拉的房间，并坐在她的身边，笑着说：“我亲爱的宝贝，今天好像有些不对劲哦，能和妈妈说说吗？如果不愿意说也没关系，你可以写在日记里，然后锁上，把自己的小秘密藏起来。”

听完妈妈的话，劳拉沉思了片刻，然后说：“妈妈，我想告诉你，我需要你的帮助。”

“那好啊，如果你信得过妈妈，妈妈也很愿意‘为你效劳’。”赖斯莉打趣道。于是，劳拉从包里掏出了一张小纸条，递给了赖斯莉。赖斯莉打开一看，上面写着“劳拉，你好，我很喜欢你，希望可以做你的朋友”。落款的署名是：仰慕者安徒生。

“呦，我的女儿都有仰慕者了，真是了不起。这说明你在很多方面都很优秀，他才希望和你做朋友。如果这个小伙子想追你的话，他就需要努力了，当然你也不能懈怠，被一个男孩子仰慕是一件令人羡慕的事情！”赖斯莉似乎比女儿高兴得多。

“妈妈，那我应该怎么办呢？”劳拉小声地问。

“你也可以给他写个小纸条，告诉他，如果你们能同时考进大学的话，就考虑和他交往。现在的任务就是两个人一起努力学习，使自己各方面变得更优秀，这样才能为你们成为朋友打下良好的基础！”

“妈妈，我知道怎么做了。”劳拉似乎已经理解了妈妈的话，知道自己该怎么做了。

第二天，劳拉按照妈妈的话，很好地处理了她与那个男孩的关系，那个男孩看到她写的纸条后，也备受鼓舞，从此以后，两个人开始一起努力学习。期末考试，两个人的各科成绩都名列前茅。

【分析】

这个案例让我们了解，英国父母对孩子隐私的处理方式。当孩子进入青春期后，父母就要把他们当成大人来对待，给予孩子充分的私人空间。

【案例2】

一个两岁的小女孩，戴着“尿不湿”站着“拉屉屉”，爷爷突然走过来，小女孩突然说：“别看，别看。”爷爷似乎意识到孩子从小就有“隐私”，立即转身走开。

【分析】

在英国，父母很注重对孩子隐私意识的培养，他们很懂得保护孩子的隐私和权力。

父母进入孩子房间时，要事先敲门；动用孩子的东西时要得到允许；不随便翻看孩子的信件、电话或短信。他们认为尊重孩子要从换尿片开始，换尿片前，要轻声告诉孩子要给他换尿片了，请配合一下。这样做的道理很简单，从小得不到尊重的孩子，长大后也不会尊重别人。

从婴幼儿时期开始，孩子就有了自己的隐私，英国的父母保护孩子的隐私从出生换尿片开始就有意识了。

少年期的孩子可能还是将父母做模仿的榜样，但进入青春期的孩子就有了自己的意识，在这个过程中，孩子的隐私权意识自然也会慢慢增强，孩子在这个时期对隐私的重视超过他一生中的任何一个时期。

认知：

理解:

做件什么事	怎么做的	做中的感悟

准备:

学会做:

要让孩子有独立的空间

有的父母在知道孩子有小秘密后，心理落差很大，总认为：孩子已经不把自己当“守护神”了，孩子已经不再是父母臂弯里的小宝宝了，等等。其实，孩子有了小秘密是长大的标志。

此时，父母要常与孩子沟通，试着了解孩子的内心，并且要相信孩子，理解和包容孩子在成长中的稚嫩，引导孩子积极地面对问题，培养孩子明辨是非的能力，帮助孩子树立解决问题的自信心，让孩子在问题中养成自我教育的习惯。

在这一过程中，父母应该以孩子的朋友的姿态出现，不能采用发号施令的方式，一定要让孩子在融洽的气氛中放松身心，与父母进行心灵的沟通。当父母用自己的言行尊重和赏识孩子时，孩子自然也会尊重父母，把父母当成朋友，当孩子遇到一些事情或有小秘密的时候，自然也愿意向父母倾诉。

【案例1】

莉莉上初中后，就把自己的东西锁在一个小柜子里，钥匙总是藏起来。一天晚上，妈妈发现女儿的钥匙放在桌子上，又惊又喜，准备打开柜子看看女儿究竟藏着什么秘密。这时，丈夫制止说："你这样做必然会引起女儿的反感。"果然，第二天一大早，女儿醒来就大叫起来："你们偷看了我的东西！"妈妈不容置疑地说："没看！"女儿叫道："我在钥匙上放了一根头发，怎么不见了？"母亲猛地倒吸一口凉气："幸亏听了丈夫的话。"女儿打开柜子，看见里面的东西纹丝不动，道歉说："冤枉你们了。"母亲说："本来我是想看的，可你爸没让我看。"女儿说："只要你们看了我就能发现，我所有的东西都有'暗道机关'！"女儿的话让母亲大吃一惊：她这不是把我们当成"特务"了吗？

【分析】

案例中莉莉把自己的东西锁在柜子里，好像里面有什么秘密，其实这是青春期孩子正常的心理现象，它说明这个时期的孩子开始有自己独立的意识和自尊，告诉父母她已经长大了，不像小时候心里有什么话都愿意跟父母说，孩子的这个“隐秘世界”正是孩子个性形成的集中体现，包括父母在内的人都不可随意进入这个“隐秘世界”。所以，保护孩子的“隐秘世界”是对孩子的尊重，父母也会因此赢得孩子的敬重和爱戴（图1）。

认知：

理解：

做件什么事	怎么做的	做中的感悟

准备：

学会做：

本章盘点

◎ 小问题

回答下面的问题，帮助你理解尊重隐私在家庭教育中的必要性。

1.尊重的目的是什么？

2.尊重首先要做到什么？

3.尊重隐私的步骤是什么？

4.尊重隐私有哪些要注意的环节？

5.尊重隐私有什么效果和表现？

6.尊重隐私和掌握知识应该如何区别？

7.尊重隐私的方式不同，效果有什么不一样？

8.生活中尊重隐私的相关问题有哪些？

如何做更好的父母

◎收起你的懦弱，摆出你的姿态，培养和孩子的感情，不要侵犯孩子的隐私！

◎就算周边的人（含家庭成员）都否定孩子，你也要相信孩子，不要管别人的看法。

◎情商是尊重出来的，要相信，世上本没有做不到的事，不尊重，才适得其反。

◎不管孩子如何，都可能不被欣赏，你不管别人怎么看，你都不能不尊重孩子的隐私。

“管理好自己”思考题

【反向思维】

◎尊重隐私没有用，孩子就是不愿意学习！

◎尊重隐私孩子到位了，孩子还是不好好学！

◎对孩子的隐私，道不同不相为谋！

◎对孩子尊重不到位，反而被别人瞧不起！

【正向思维】

◎尊重隐私之后，家庭和睦了！

◎尊重隐私之后，孩子的能力提高了！

◎尊重隐私之后，父母与孩子相处更融洽了！

◎尊重隐私之后，父母与孩子的误会没有了！

与心对话

每日一问：

家庭生活中总有一些磕磕绊绊的冲突点，很多事情都需要尊重隐私，你面对这些问题是怎么解决的？你身边的家庭又是怎么处理的？

请将在家里看到的记录下来：

陶行知说：集体生活是儿童之自我向社会化道路发展的重要推动力；为儿童心理正常发展的必需。一个不能获得这种正常发展的儿童，可能终其身只是一个悲剧。

要尊重孩子间的友情

- 友情的含义和特征
- 不要把友情占为私有
- 要珍惜孩子的友情
- 要正确面对孩子的感情生活
- 影响孩子友情的主要因素
- 逾越友情障碍的方法

友情的含义和特征

友情是孩子人生履历的光明面，孩子应当善于交友，团结友爱。不管孩子友情的面有多宽，都要警惕邪恶，防范小人，俗话说："君子易处，小人难防。"另有"宁得罪十个君子，不得罪一个小人"的说法，其内涵就是这个道理。真正的友情是孩子终身受益的精神归宿。

友情是一种很美妙的东西，只有拥有真正朋友的人，才能感受到它的美好之处。

友情使人能获得满足感，并与生活密不可分。

友情一般是指人与人在长期交往中建立起来的一种特殊的情谊，互相拥有友情的人又叫作"朋友"。

友情、亲情和爱情的相同之处是都有一种抽象的、令人捉摸不透的温馨。

爱情和亲情都是有局限性的，友情比亲情和爱情更广泛。

爱情只限于爱人之间，亲情只限于亲人之间，友情没有任何限制，只要友谊在，友情就会延续，就会有一种类似于爱情和亲情的关系。

友情同样有温暖，而且是双方都能体会到的。

友情是只要付出关爱，付出真诚就能得到的东西；它既是一种感情，也是一种收获。

【案例1】

玛丽的父亲工作忙碌而且也不愿意陪伴女儿，母亲是一个酒鬼，而且还有一些不良行为。玛丽在缺少父母关爱下成长，再加上脸上带有胎记，使玛丽的性格孤僻而且自卑。幸运的是，小玛丽有一个“大朋友”叫马克思，他们每次都通过书信来交流，由于马克思的陪伴，玛丽变得开朗、自信、阳光，并且在成长的过程中，开始追求自己的梦想。

玛丽长大后如愿以偿，成为一名医学专家，并出版了自己的书籍，从一个自卑的女孩变成了一个坚强的女强人。

【分析】

玛丽能有如此大的改变，友情起到了至关重要的作用。

友情对成年人很重要，对于孩子来说也是如此。

这个案例告诉我们，随着孩子的长大，他们会自己选择喜欢交往的朋友，父母不要过分阻止。当一个人对友谊采取认真、投入、热忱、参与的态度，就会有真正的友谊。

【案例2】

星期天，兔子和猫在一起玩。忽然，兔子发现了一个大洞，于是，兔子就叫上猫一起去“冒险”了。

洞里阴森森，黑漆漆的，时不时还会有水滴下来的声响，蜘蛛网遍地都是，恐怖极了。它们走着，走着，发现洞越来越小，小得都让猫过不去了。忽然，一张血盆大口向它们扑来，兔子大叫道：“猫啊，猫啊，救命啊，救命啊！”猫看到兔子如此慌张，于是便向前走去，不慌不忙地说：

"兔子冷静，冷静，你一定要冷静、冷静、再冷静！"话音刚落，猫万万没有想到，可怜的兔子就这样"牺牲"了。猫看见自己的好朋友被一个怪物给吞了，心里很不舒服，火冒三丈，差点气晕过去。于是，它立刻走上前去，向那个怪物踢打，过了一会儿，那个怪物就被"友谊的力量"打倒了，那个怪物立刻把兔子吐了出来，然后，迅速地逃离了"作案现场"。兔子蹦起来，说："谢谢了，猫，你现在是我最好的伙伴了！"

从此以后，它们成了不离不弃的好朋友。

【分析】

兔子和猫一起去探险，没想到遇上了恐怖的怪物，但是因为友谊的力量，它们安全脱离了险境。这个案例让我们明白一个道理，真正的友谊不是口头上的，要在行动上互相帮助。

我们要鼓励孩子交朋友，在孩子成长的路上，除了亲情的守护，朋友的友情也是不可缺少的。

认知：

理解：

做件什么事	怎么做的	做中的感悟

准备：

学会做：

不要把友情占为私有

有些时候，人们往往不由自主地会把得到的东西，看为己有，使对方因不理解而误解。

出现任何情况时，千万不要先责怪对方，有些问题的原因往往出在自己身上，是自己淡化了对方，促使对方接触到比你更关心他的人，是自己没有更好珍惜同对方的感情。

这个人可能是你的爱人、你的朋友或者是你的孩子。如果出现在爱人身上，不是爱人对你的背叛而是你对爱人的忽略。这个道理很简单，爱人向你追求的是爱情，是无微不至的爱，当他感觉不到爱的时候，悄悄地淡化你是非常正常的事；朋友向你追求的是友情，当对方感觉不到友情的存在时淡化你也很正常；孩子向你索取的是亲情，当他感觉不到亲情存在时，远离你也是无可非议的。

想一想：爱人没有了爱情，朋友没有了友情，孩子没有了亲情，是多么冷酷、可怕啊！如果我们不在自己身上找原因，还一度埋怨对方，那又是多么残忍啊？

【案例1】

有一个叫丽丽的小朋友，在幼儿园里常常和一个叫小玲的女孩儿玩，她们很要好，吃饭坐在一起，睡午觉要挨着床睡，上课也要坐在一起，简直就是形影不离的好朋友。

一次下课后，小玲和另一个小女孩玩得特别开心，丽丽在一边看着有些不开心，独自坐在旁边摆弄着小球，看小玲玩得那么高兴，丽丽实在忍不住了，就跑到小玲旁边说：“你要再和她玩，我就不理你了。”本来玩得很开心的小玲，一下子不知道该如何是好了，丽丽这一举动，也让那个小女孩无奈地离开了，三个孩子不欢而散。

【分析】

这个案例提示我们，良好的同伴关系能使孩子有安全感和归属感，能培养孩子积极的情感。如果像丽丽这样以自私为前提和小朋友交友，会给伙伴带来不愉快的感受，最终会失去好朋友。如果出现丽丽和小玲这样的局面，父母要积极引导孩子从自身找原因，自己错了，就要主动和小朋友道歉，并鼓励孩子和伙伴和好，让孩子设身处地地替别人着想。

【案例2】

豆豆两岁多以后，逢事喜欢不断地问为什么，如："为什么下雨了呀？""为什么今天没有太阳呢？""月亮它去了哪呀？""红灯完了，为什么就是绿灯呢？"……

几乎只要醒着就不断地问，豆豆妈妈为了让自己变得博学一点，去书店买了《百科全书》《十万个为什么》，去网上查资料……慢慢地，豆豆妈妈发现自己越来越力不从心，因为豆豆从来不是只问一个问题，他问问题几乎都是连珠炮似的："妈妈，地上这个黑黑的是什么？"豆豆妈说："那是你的影子。""影子为什么会动？"豆豆妈说："因为你在动呀。""为什么我动它就动呢？为什么我有影子呢？"豆豆妈说："因为人不是透明的，光透不过去，就形成影子。"

豆豆说："这是为什么？……"

孩子的问题没完没了？才两岁多，就这样多的问题要问……豆豆妈妈感到压力很大，有些问题还要翻书、百度查，有些问题根本就查不到。生活中的答案有限，孩子的问题却无穷无尽……

有一天，豆豆又问："妈妈，影子怎么这么黑？"妈妈说："嗯，真的呀，影子还真是挺黑的。"豆豆说："你的影子黑吗？"妈妈说："你说呢？"豆豆看了看妈妈："你也有个黑影子。"妈妈说："对啊，我的影子也是黑色的。"豆豆说："妈妈，爸爸为什么说我是黑黑的孩子？"妈妈说："你不喜欢被爸爸说成黑黑的孩子吗？"豆豆说："我以后不许爸爸说我，我不是黑黑的孩子。"

说完，豆豆委屈地噘了噘嘴，说了这么半天，原来是因为爸爸开玩笑地说他黑，让他不舒服了。

【分析】

当孩子问这问那的时候，父母要理解他到底需要的是什么？他们所需要的并不是像科学家一样解说，而是大人一个温情的回应。孩子问问题，需要的是回应，此时，大人需要给孩子理解性的回应和启发，而不是不耐烦地应付。

认知：

理解：

做件什么事	怎么做的	做中的感悟

准备：

学会做：

要珍惜孩子的友情

珍惜孩子友情的方法很多，其方法需要大家在培养孩子的过程中不断总结。比如，把爱人、朋友、孩子的感情封存在心里，坚定不移；经常维护、呵护、常为对方着想；有喜事、好事、值得庆祝的事同对方一起分享，不要独享。与孩子保持一种距离，平淡的时候常常想起，繁忙的时候也不要忘记。给自己开掘一条智慧的财富之门，遇事多同对方商量。遇难事也不要忽略对方的帮助，知心知己的求助要深刻铭记。经常关注对方的冷暖和需求，做到有难必帮、有求必应。常聆听对方的心声，使对方保持永恒的爱心。

友情表现在：时刻想着对方，对方开心时为对方高兴，对方痛苦时为对方难过。在你悲伤无助的时候，对方会给你安慰与关怀；在你失望彷徨的时候，对方会给你信心与力量；在你成功欢乐的时候，对方会分享你的胜利和喜悦。

在人生旅途上，尽管有坎坷、有崎岖，但有爱人在、朋友在、亲人在就能给你鼓励、给你关怀，并且帮你度过最艰难的岁月。

“友情”用不同人的思想可以勾画出不同的轮廓。

“友情”是相互的，爱人、朋友、亲人在需要帮助的时候，你们要相互关心、解囊相助、无私奉献。

【案例1】

俄国伟大的作家果戈理逝世了。他的挚友屠格涅夫伏案疾书，用沉重的笔蘸着自己悲伤的泪水写出一篇悼念果戈理的文章。

沙皇统治者害怕这个受俄国人民爱戴的名字出现在报刊上，彼得堡的书报检察机关便禁止发表一切悼念和颂扬果戈理的文章，并且声言：如果屠格涅夫不顾禁令，强行发表文章，就会被逮捕。

正直和勇敢的屠格涅夫不怕专制主义者的威胁，宁肯坐牢，也要慰藉死者的灵魂，尽莫逆之交的情谊。

于是，他机智地避开沙皇侦探的监视，离开彼得堡，把文章送到莫斯科，趁那里还没接到禁令，就把文章在《莫斯科新闻》上刊登出来。沙皇的特务机关第三厅不久见到了这篇文章，他们传讯屠格涅夫。

沙皇早就痛恨这个经常在《现代人》杂志上登载《猎人笔记》的作家，在把屠格涅夫监禁一个月后，沙皇亲自下令，把屠格涅夫流放到斯巴斯基塔楼去。

为了果戈理，为了朋友而被流放，屠格涅夫感到自豪和光荣。

【分析】

这是屠格涅夫为悼念挚友俄国伟大的作家果戈理而被流放的感人故事，展现了屠格涅夫珍惜和果戈理的友谊的伟大情怀。

这个案例告诉我们，一个人在其人生道路上如果不结交朋友，就会很孤单。作为父母要正确引导孩子珍惜友情，帮助孩子拓展交友圈，适当提些建议，引导孩子通过兴趣来扩大自己的交友面等方式来帮助孩子建立友情，珍惜友谊。

【案例2】

管仲从小就和鲍叔牙是好朋友。鲍叔牙知道管仲是个人才。管仲和鲍叔牙一起做生意的时候多分红，鲍叔牙不认为管仲贪，知道他家里穷。管仲打仗时进攻后进，撤退先跑，鲍叔牙也不认为管仲胆小，知道他家里有老母。

被鲍叔牙推荐成为相国的管仲临死的时候，齐桓公让他推荐继任人，他没有推荐鲍叔牙。有人告诉鲍叔牙，鲍叔牙说："我这个人疾恶如仇，当丞相会误事，管仲了解我啊！"

【分析】

"管鲍之交"是一个经典的友谊笃厚的案例。这个故事让我们看到的是鲍叔牙对管仲的理解和付出，最终成就管仲的故事，才有管仲深情地感叹："生我者父母，知我者鲍子也。"

心理学研究表明，友谊潜移默化影响着孩子的方方面面，拥有友谊的孩子在社会和学习成绩上的得分更高，没有朋友的孩子则更有攻击性和情绪问题，拥有友谊的孩子上学后更能适应学校生活，而缺少朋友的孩子在入学后就需要很长的时间去适应和调节他们的行为等。

认知：

理解：

做件什么事	怎么做的	做中的感悟

准备：

学会做：

要正确面对孩子的感情生活

有人说，人世间最纯净的感情存在于孩童时代。

实际上并不然，人生之孤独和艰难，是从孩童时代开始的，进入成人之后靠着回忆追加给予充实，使得感情更加丰富和牢固。

感情在成年之后逐步延伸，不可能在尚未获得真正的意义之时便抵达最佳状态。

很多人都是在某次感受的突变中，猛然发现自己长大的，仿佛是哪一天的中午或傍晚，一位要好的同学遇到困难获得帮助时，才使你感到一种不可推卸的责任，使你放慢脚步忧虑起来，开始懂得感情的重量，就在这一刻，你突然觉得长大了。这个突变实际上就是感情的成熟。

给孩子以关心，给孩子以帮助，让孩子远离孤单，让孩子忘却忧郁，不让孩子郁闷都是对感情的珍惜，作为父母给予孩子更多的爱应该是感情逐步成熟的“经验”，孩子们走向成人尚缺的经验。

父母与孩子的亲情需要特别的维护，维护是从出生到死亡的维护，在幼年期由于孩子社会经验不足，对很多事情难于理解，作为父母需要有强大的耐心、细致的呵护，稍有差错就有可能伤害了孩子。

维护孩子的亲情方法很多，这里简单提示几点，希望引起父母的注意：把孩子的感情放在心上，像浇花草一样经常浇灌；要经常倾听孩子的心声，有事一定要先和孩子商量；不要武断，和孩子保持一种朋友之间的友谊；繁忙的时候不要忘记和孩子沟通；不要怕孩子犯错误，要让孩子常在错误中总结教训；有难时不要忽略孩子，虽不能求助但要让孩子知晓，并且深刻铭记；要经常关注孩子的冷暖、需求，对孩子的事不要包办代替，要给孩子充分的自由。

【案例1】

黑立国小时候叛逆心极强，学习成绩一塌糊涂，甚至考过零分。黑立国的父亲非常担忧，却也无可奈何，他不愿逼迫儿子用功学习，因为他知道，除非孩子自己愿意学，否则所有的努力都是白费力气。

黑立国贪玩、好胜、脾气也不好，经常闯祸。最严重的一次，他出于好奇，在超市偷一双手套，被当场抓住。

“即使发生了这种事，我和妻子也不认为黑立国是坏孩子。我们问清事实真相，然后坚定地做孩子的靠山。我们让他知道，父母会支持他，即使他犯错，只要改过，父母对他的爱永远都不会减少。”

上高二那年，黑立国加入了学校的摔跤队，成天和一群学习成绩比他还差的黑人队员在一起，自然得到了教练的赏识。

黑立国第一次发现学习好能赢得尊重，于是发奋学习，成绩突飞猛进，不仅顺利考上大学，而且成为学业上的佼佼者。

30岁那年，黑立国被提拔为华盛顿大学医院的副院长。

本来最不被看好的一个儿子，居然变身业界精英！黑幼龙欣慰之余感慨地说：“父母很容易认为孩子学习成绩差就没希望了，其实如果做到慢养，这样的孩子将来可能更优秀。”

【分析】

父母对孩子的信任是非常重要的。这个案例中中国台湾著名成功学大师黑幼龙先生的家教心得“养孩子就像种花，要耐心等待花开”。每个孩子都是一朵花，作为父母要学会引导，学会用心平气和的心态等待每一朵花开。

【案例2】

郝先生对女儿的管理充满了人性化，其中值得一提的是，他肯主动放下长辈的身段倾听女儿的心声，帮助女儿排忧解难。

谈到倾听的重要性时他说：“有一次女儿回到家躲进了书房，也不出来吃饭，我爱人就叫她，女儿还是不出来，爱人接着说了她几句，她竟然跑出来对着我们俩大吼了一通。爱人气得回到卧室也不吃饭，我说女儿肯定有心事，爱人却嘟囔着：‘这孩子越来越不懂事、不像话了，有什么大不了的事回到家要跟父母发脾气？’我想发脾气也解决不了问题，就放下手头的事，陪女儿坐了下来，问她到底发生了什么事，我这一问，勾起了女儿的伤心事，她的泪水夺眶而出，说：‘爸爸，我今天跟班上一个男生打架了。我承认错误在我，但是那个男生得理不饶人，一再地找我麻烦。快下课时，老师回到教室，看到我在哭，就把我们俩叫到办公室。老师把事情处理完，我们两个回到教室，刚要离开，那位男孩的妈妈来接他回家，那男孩就趁机说我骂他妈妈了。听到这话，他妈妈就用冷冷的眼神看着我，带着她儿子边走边说不要接近我这种没教养的女孩，不然就该学坏了。当时我好委屈，难过地想你和妈妈要是在我身边多好啊。

“说完，女儿又开始哭了。

“听了女儿的话，我赶紧劝导和安慰她，女儿的情绪渐渐平静下来了，但我的心却有了愧疚，回到卧室我也说了她妈妈两句：‘女儿受了委屈、有心事，父母应该及时像朋友一样跟女儿交流，帮助女儿，不能碍于面子，甚至用不耐烦的口气责怪孩子。’

“后来，女儿再提起那件事的时候，说我当天的倾听和安慰给了她希望，让她有勇气先自我检讨，并从委屈和失落中走了出来。”

【分析】

女孩子心情不好，可能会表现出一时的“消沉或放纵”，如做作业时趴在桌上偷偷哭泣，不好时弄坏书本以达到发泄的目的等。

这些小小的消极行为，往往会被父母斥责为“没出息”。其实，人都有郁闷伤感难以自抑的时候。孩子的心理承受能力比成人差，遇到问题时更容易表现出悲观失望的情绪，甚至会委屈地哭泣，这种情况下，父母应当放下身段耐心地倾听孩子诉说，安慰孩子，而不是居高临下地斥责孩子。

父母尊严中的冷漠会让孩子感到无助和伤心，放下身段和孩子交流，像朋友一样倾听孩子的心事，将会有利于孩子身心的健康成长。

认知：

理解：

做件什么事	怎么做的	做中的感悟

准备：

学会做：

影响孩子友情的主要因素

友情是人与人之间的一种纯真高尚的感情，只要我们稍不留神就随时可能会伤害到它，其原因是友情在建立和发展的过程中会出现一些我们意想不到的障碍，如对方处于弱势或为众人唾弃时；对方是强者，或为众人所不敢不服从或不得不服从时；对方自私心过重，只为自己着想时；得到对方的馈赠，不想或不愿意反馈时；文化水平、社会阅历差距悬殊时；社会名望、地位、财富差距悬殊时；相貌之俊丑、身材之高矮胖瘦、气质之明快与滞缓等差别很大时；生活习性、风俗习惯的迥异、语言难以沟通时等。

以上列举不尽齐全，当然还会有一些生活中我们意想不到的障碍，我们先将寻找到的障碍列举出来，希望能引起父母的注意，进而引导孩子珍惜友谊。

【案例1】

周六上午，学校承办的青少年科技创新赛开幕，李老师打电话给朋友小哥，约他一块儿走。李老师的儿子东东在一旁紧张地望着妈妈。

晚上，小哥推着单车在楼下喊他，东东不肯露面，只催妈妈回绝，理由是要做作业。李老师觉得奇怪，就问他："你是累了？还是只想在家看电视？"盯着电视目不转睛的东东回过头说："我宁愿不看电视也不下去玩。"李老师感到很反常，昨晚他们还在客厅玩怪兽牌，玩得很尽兴。李老师问他是不是和小哥闹别扭了，他不哼声，多问了几句，他才说："小哥很懒，又不讲理，下完棋玩完纸牌从不收拾，还骑着我的车子跑，我在后面追也不停。"末了，还气哼哼地加了一句："以后不和他玩了。"李老师问："你以后不需要朋友了？""我可以另外找，再说我有同学，他们才是我的好朋友。"听着东东斩钉截铁的口吻，知道他的心结不解开，不能正确处理朋友间的矛盾，会影响他为人处事和与人交往的能力。孩子大了，有主见，有的看法和做法还很固执，父母只能慢慢地引导开解，要他的思想转变过来才行，否则急也没用。

李老师随意地问："你有没有将你的看法说出来？"东东很气愤："有啊！每次我说，他不是故意地发出怪叫，就是假装没听到。""那你是严肃地望着他大声说，还是低着头小声说的。"东东不明白："小声说的。"李老师故作高声："这就是了，他可能没听到，也可能以为你是开玩笑的，因为你自己平时也这样，故意发出怪声，阻挠妈妈说话，他会这样，说不定就是跟你学的。"东东想起自己的怪招，忍不住笑了。

【分析】

朋友在一起就是要互相帮助的，有错误和缺点，有义务提出来，让对方改正，朋友在一起玩，大家都很快乐，就不要计较一些小得失。案例中的小哥不收拾就跑是不对，很多时候听见妈妈叫他，没来得及收拾就跑了。父母要引导孩子多站在别人的角度想一想，好朋友就是要相互包容的，知道朋友有缺点仍不在意，还能和他做朋友，这种朋友才是难得的。

【案例2】

有一天，维尼气急败坏地跑回家，对妈妈喊道："妈妈，气死我了！刚才玩游戏的时候，一个同学和我意见不一样，居然还嘲笑我，我就和他吵起来了，结果他哭着跑回家了。我再也不要理他了。"

妈妈听了微笑起来，对维尼说："孩子，朋友的感情很珍贵！尤其是儿时的伙伴，感情是最真挚纯洁的，如果因为小事就和小朋友吵起来，这样是不对的哟！""可是，他还嘲笑我耶！"维尼还是感到委屈。"是啊，我们的维尼可是个男子汉，斤斤计较不太好，多一些宽容和体谅，你就会和朋友相处得很好。孩子，赶快和你的朋友和好吧！""好吧！妈妈，我听话，去跟他和好。"维尼说完，就跑出去找原本不想再理的朋友了。

【分析】

为什么维尼妈妈的话产生了很好的效果呢？首先，妈妈没有不由分说就责骂孩子，同时也营造出很好的沟通环境；其次，妈妈对维尼讲到朋友的重要性，用动之以情，晓之以理的方式，很有说服力，所以孩子很快便被说服，做出了正确的决定。

孩子和朋友吵架是很正常的事，父母既不必大惊小怪，也不必劳师动众，而是要教导孩子，让孩子重视友谊，和朋友友好相处。

认知：

理解：

做件什么事	怎么做的	做中的感悟

准备：

学会做：

逾越友情障碍的方法

友情有两个层次，即有宽泛意义的友情和严格意义的友情，没有前者未免拘谨，没有后者难以深刻。

讲友谊、交朋友，都要有宽大的胸怀，要有“海纳百川，有容乃大”的精神，要“大肚能容，容天下难容之事”。

对朋友、亲人、孩子不要苛求，更不要过于计较小节，要知道世界上没有十全十美的东西，更没有完人，要求过高，便没有了朋友。

逾越友情障碍的办法主要有：

（1）当对方处于劣势或为众人所唾弃时，不但不能落井下石，还要尽最大的努力给予最大的关怀。

（2）当自己处于强者或为众人所不敢不服从或不得不服从时，不要忘了朋友、亲人和孩子。

（3）当对方处于强者或为众人所不敢不服从或不得不服从时，要主动接触，不要指责。

（4）自己尽量不要自私心太重，只为自己着想，当对方自私心过重，只为自己着想时，不要计较。

（5）当得到对方的馈赠时，一定要给予适当的反馈。

（6）当自己的文化水平、社会阅历同对方有差距时，要加强学习。

（7）当自己的社会名望、地位、财富与对方悬殊时，要主动想到对方。

（8）当自己相貌、身材、气质等同对方差别很大时，要注意锻炼或改用其他方式给予弥补。

（9）当自己的生活习性、风俗习惯、语言和对方难以沟通时，要加以改变，尽量接近于对方。

这样一来，朋友还是朋友，亲人还是亲人。

在芸芸众生里，两极的人群，只要相互努力，就会产生新的友情。不然，朋友就会失散，妻子也会离散；孩子就会因父母的低俗而放弃“父母之恩”独立奔波，朋友也不是朋友，亲人也不是亲人了。

总之，友情的本质是建立在相互需要的基础上的，需要源于现实，源于心灵，彼此不仅能够尽言语、感情乃至物质去满足对方的需要，而且以真诚的态度主动适应对方的某些需要。

在很多时候，朋友之间、邻里之间、亲人之间的友情会与集体、地区乃至整个社会的利益发生着直接或间接的关系，有的关系是相互协调的，有的关系是相互冲突的。

一个感情或友谊大于社会理性的民族，往往会通过友情的交往使利益最大化，从而加快或推进国家与社会的发展。

【案例1】

阿拉伯传说中有两个朋友在沙漠中旅行，在旅途中的某个地点他们吵架了，一个给了另一个一记耳光。被打的觉得受辱，一言不语，在沙子上写下：“今天我的好朋友打了我一巴掌。”他们继续往前走。到了野外，他们决定停下。被打巴掌的那位差点淹死，被救起后，拿了一把小剑在石头上刻着：“今天我的好朋友救了我一命。”一旁好奇的朋友问说：“为什么我打了你，你要写在沙子上，而现在要刻在石头上呢？”另一个笑笑，回答说：“当被朋友伤害时，要写在易忘的地方，风会抹去；相反的，如果被帮助，我们要刻在心里，怎么都不能抹灭它。”

【分析】

这个案例提示我们，朋友相处时，伤害往往是无心的，帮助却是真心的，忘记那些无心的伤害，铭记那些对你真心帮助的朋友。

当孩子之间发生争吵，父母要鼓励孩子与伙伴和好，引导孩子多关心帮助伙伴，当伙伴生病时提醒孩子主动去关心等。要引导孩子去尊重、体谅、理解伙伴。

【案例2】

管宁和华歆在年轻的时候，是一对非常要好的朋友。整天形影不离，同桌吃饭、同榻读书、同床睡觉，相处得很和谐。

有一次，他俩一块儿去菜地里锄草。两个人努力干着活，顾不得停下来休息，一会儿就锄好了一大片。

管宁抬起锄头，一锄下去，“当”一下，碰到了一个硬东西。管宁感到奇怪，将锄到的一大片泥土翻了过来。黑黝黝的泥土中，有一个黄澄澄的东西闪闪发光。定睛一看，是块黄金，他就自言自语地说了句：“我当是什么硬东西呢，原来是锭金子。”接着，继续锄他的草。

“什么？金子！”不远处的华歆听到这话，不由得心里一动，赶紧丢下锄头奔了过来，拾起金块，捧在手里仔细端详。

管宁见状，一边挥舞着手里的锄头干活，一边责备华歆说：“钱财应该是靠自己的辛勤劳动去获得，一个有道德的人是不可以贪图不劳而获的财物的。”

华歆听了，说：“这个道理我也懂。”手里却还捧着金子左看看、右看看，怎么也舍不得放下。后来，他实在被管宁的目光盯得受不了了，才不情愿地丢下金子回去干活。

因为他心里还在惦记金子，干活也没有先前努力，还不住地唉声叹气。管宁见他这个样子，不再说什么，只是暗暗地摇头。

还有一次，他们两人坐在一张席子上读书。正看得入神，忽然外面沸腾起来，一片鼓乐之声，中间夹杂着鸣锣开道的吆喝声和人们吵吵嚷嚷的声音。管宁和华歆起身走到窗前看究竟发生了什么事。

原来是一位达官显贵乘车从这里经过。一大队随从佩戴着武器、穿着统一的服装前呼后拥地保卫着车子，威风凛凛。再看那车饰更是豪华：车身雕刻着精巧美丽的图案，车上蒙着的车帘是用五彩绸缎制成的，四周装饰着金线，车顶还镶了一大块翡翠，显得富贵逼人。

管宁对于这些不以为然，捧起书专心致志地读起来，对外面的喧闹就好像什么都没有发生一样。

华歆却完全被这种张扬的声势和豪华的排场吸引住了。

干脆连书也不读了，急急忙忙地跑到街上去跟着人群尾随车队细看。

管宁目睹了华歆的所作所为，再也抑制不住心中的叹惋和失望。等到华歆回来以后，就拿出刀子当着华歆的面把席子从中间割成两半，说："我们两人的志向和情趣太不一样了。从今以后，我们就像这被割开的草席一样，再也不是朋友了。"

【分析】

真正的朋友，应该建立在共同的思想基础和奋斗目标上，一起追求、一起进步。如果没有内在精神的默契，只有表面上的亲热，这样的朋友是无法真正沟通和理解的，真正的友谊源于心灵，源于彼此的真诚。

父母引导孩子在和小朋友交往的过程中要真诚以待，如果孩子间再有共同的兴趣和爱好，共同的志向，就有可能发展成为一生的挚友（图2）。

认知：

理解：

做件什么事	怎么做的	做中的感悟

做件什么事	怎么做的	做中的感悟

准备：

学会做：

本章盘点

◎ 小问题

回答下面的问题，帮助你理解友情在家庭教育中的必要性。

1.培养友情的目的是什么？

2.培养友情首先要学会什么？

3.培养友情的步骤是什么？

4.培养友情有哪些环节？

5.培养友情的效果有几层？其效果和表现是什么？

6.培养友情和掌握知识应该如何链接?

7.培养友情的方式不同，其效果有哪些不一样?

8.生活中培养友情的问题有哪些?

如何做更好的父母

◎培养孩子友情，不要打击孩子的积极性!

◎就算周边的人（含家庭成员）都否定孩子，你也要相信孩子，不要管别人的看法。

◎很多事是尊重出来的，要相信，世上本没有做不到的事，只有不懂得尊重他人，才会适得其反。

◎不管孩子如何，都可能不被欣赏，总有人认为他不够好，不管别人怎么看，你都不能不注意培养孩子的友情!

“管理好自己”思考题

【反向思维】

◎培养友情没有用，孩子就是不愿意学习!

◎培养孩子友情到位了，孩子还是不好好学!

◎我对孩子培养友情，道不同不相为谋!

◎对孩子培养友情不到位，反而被别人瞧不起!

【正向思维】

◎培养友情之后，家庭和睦了!

◎培养友情之后，孩子的能力提高了!

◎培养友情之后，父母与孩子相处更融洽了!

◎培养友情之后，父母与孩子的误会没有了!

与心对话

每日一问：

家庭生活中总有一些磕磕绊绊的冲突点，很多事情都需要培养友情，你面对这些问题是怎么解决的？你身边的家庭又是怎么处理的？

请将在家里看到的记录下来：

陶行知说：教人要从小教起。幼儿比如幼苗，培养得宜，方能发芽滋长，否则幼年受了损伤，即不夭折，也难成材。我们此地的教育，是生活的教育，是供给人生需要的教育，不是作假的教育。

要善于发现和培养孩子的个性

- 爱好与特长的含义和特征
- 尊重个性、培养爱好和特长
- 平时多给孩子一点爱
- 要用爱的情感感染孩子
- 要不断激发孩子对生活的兴趣
- 鼓励使孩子充分发挥特长
- 要增强孩子的生活愿景
- 保持孩子积极的心态

爱好与特长的含义和特征

个性是一个人的整体面貌，是精神和气质的总称，包括世界观、人生观、伦理观、道德观、信念、兴趣、能力等，是人们稳定的心理特征的总和。

个性的形成不能完全排除先天因素，主要取决于后天的环境和条件及主观的努力。

由于学校教育、社会环境、职业、个人努力不同，每个人形成了与他人不同的比较稳定的心理特征，这些特征的总和称为个性特征。

爱好是指人的兴趣指向，即对某种事物、某种活动的兴趣。比如，喜欢画画、游泳、打篮球、书法、养宠物、养花草等。

特长是指将个人喜欢的事物，经过训练形成了技能。比如，擅长画画、游泳、打篮球、书法、养宠物、养花草等就是特长。

爱好和特长是有区别的。爱好是特长的前提，仅是喜欢还没有形成专门的技能，特长是将自己喜欢的经过努力已经形成了专门的技能。

当父母发现孩子的爱好时，应尽快协助孩子将爱好转化为特长。

【案例1】

周末的一天，李凌在阳台上发现了一个旧的小蛋糕盒，盒中装满了液体，层次分明。最上面一层呈金黄色，中间一层是透明的，下面一层则呈浑浊状。不用说，就知道一定是孩子在做实验。

李凌的第一反应是感觉这个三层盒子看上去挺漂亮，第二反应觉得有点浪费，就问孩子："这是在做什么？好端端的油和淀粉怎么能放进水里呢？"孩子说："是想冻有颜色的冰块，就在水中放了白色的淀粉和'金黄色的油'。"

孩子是好奇心强，又喜欢动手操作的探索者，孩子一定是受了什么启发，才有了这样的奇思妙想。孩子反复试验后，对勾兑液体产生了浓厚的兴趣。李凌除了惊讶孩子一个接一个积极的探索尝试，更令她愧疚与反思的是：她在指责孩子"浪费"的同时，并没有真正尊重和鼓励孩子的探索。

【分析】

在孩子的世界里，所有的生活材料都服务于他的游戏和探索，比如是否漂亮、是否浪费是父母在意的，但对孩子来说都不重要。呵护孩子的好奇心、鼓励探索是对孩子最好的支持。

【案例2】

莫言从小喜欢听人说书。"每逢赶集的日子她便不再给我派活，默许我去集上听书。为了报答母亲的恩情，也为了向她炫耀我的记忆力，我会把白天听到的故事，绘声绘色地讲给她听。”

莫言跟母亲去卖菜有意无意地多算了一位买菜老人一毛钱，回家时，莫言看到很少流泪的母亲泪流满面，母亲并没有骂他，只是轻轻地说：“儿子，你让娘丢了脸。”

莫言曾因相貌丑陋，被很多人当面嘲笑，甚至为此挨同学打，他回家后痛哭一场，母亲对他说：“儿子，你不丑，你不缺鼻子不缺眼，四肢健全，丑在哪里？只要你心存善良，多做好事，即便是丑也能变美。”

莫言小时候曾经失手将家里唯一的一个热水瓶打碎，吓得钻进草垛一天没敢出来，以为这次一定会受到打骂，但母亲还是没有打，也没有骂他，只是抚摸着他的头，口中发出长长的叹息。

【分析】

作家莫言的母亲虽不识字，但这位智慧的母亲却知道保护和培养莫言喜欢听书的爱好，也因此成就了一位诺贝尔文学奖得主。

在生活中，父母要善于识别孩子的兴趣爱好。孩子最初的兴趣爱好往往是寻常的、不引人注目的举动，甚至是淘气、顽皮的行为。这就要求父母平时要深入细致地观察孩子的日常活动，去发现和培养孩子的兴趣爱好。

认知：

理解：

做件什么事	怎么做的	做中的感悟

准备：

学会做：

尊重个性、培养爱好和特长

总有一些父母忽视孩子的个性、爱好和特长，常用主观、强势、自我、服从的观点对待孩子。

所谓“主观”就是父母在教育子女时依靠自己的主观意志进行判断，忽略了一定的客观性。

“强势”是父母在教育子女的过程中充分利用自己的父母威严和权力来提升自己的影响力。

“自我”就是父母在教育孩子的过程中形成了一些比较自我的想法和固化的教育模式，总认为自己的做法是对的，并且不愿意倾听孩子的意见和建议。

“服从”是指孩子在父母面前常常处于弱势状态，没有太多讨价还价的余地，只能听从父母的教诲和指导，即使父母有些要求并不合理，孩子也只能按照父母的意愿和要求行事。

以上这些因素都是家庭教育中忽视孩子个性、爱好和特长的不合理的问题，发生这些问题的关键在于父母缺乏对孩子的了解，未与孩子充分沟通。

很多时候，家庭教育均处于“父母说什么，孩子就做什么”的状态，而这种状态实际上很难达到教育的效果，原因是他们把家庭教育变成了父母对孩子行为的一种控制。

孩子个性、爱好和特长都需要被尊重。

著名心理学家马斯洛建立了需求层次理论，把需求分成生理需求、安全需求、爱与归属感、尊重、自我实现五类，由较低层次到较高层次依次排列。

尊重的需要可分为内部尊重和外部尊重。

内部尊重就是自尊，是指人希望在各种不同情境中有实力、能胜任、充满信心、能独立自主。

外部尊重是指人都希望有地位、有威信，受到别人的尊重、信赖和高度评价。

马斯洛认为：尊重需要得到满足，能使人对自己充满信心，对社会满腔热情，体验到自己活着的用处和价值。

尊重是每个生命的基本需要，是每个孩子健康成长的关键。“幼时缺失或者得到充分尊重，都将对孩子的一生影响深远。”特别提醒父母，不被尊重的孩子，容易自卑，自我评价低，欠缺安全感。

在父母与孩子的对话中有四个字很容易伤害孩子，即“你看人家”。父母常说这四个字很容易使孩子把自己最好的朋友当作对手或者变成“敌人”，因为孩子会觉得父母总拿他来说事，很讨厌，更不会向他学习。

在家庭教育中父母关注的关键词应该是信任和接纳。

只有父母对孩子充分信任，孩子才会接纳父母的教诲。

另外，平时父母要做到：不唠叨，对孩子保持静心和耐心，静下心来，平心静气，有话好好说。充满耐心，对孩子的未来充满信心。

不同的孩子有不同的个性、爱好与特长，教育方法的不同会产生不同的效果。

孩子的个性、兴趣和爱好，一般表现在生活的诸多方面。比如，有的孩子空闲时喜欢哼几句戏曲和小调；有的喜欢下棋或玩牌，等等，这些爱好是客观上存在的。

孩子进入中、小学，审美观念逐渐增强，他（她）们把生活中的喜爱逐步表现在外表上，如穿衣服的款式、颜色，发型与众不同。

面对这样的问题，父母首先要尊重孩子的个性、爱好和特长，尽量不要干涉。

在现实生活中，往往会出现这样的现象：当父母听到孩子放歌曲、进行体育锻炼时总想干预，如对孩子说："哪儿来的曲子？唱的什么歌……""差不多就行了""赶快去做作业"……

听到父母这样的指责，有的孩子可能不敢反驳，有的孩子可能会与父母争吵，总之，父母对孩子自己喜爱的东西给予这样的评价，孩子都会感到失望。

孩子成长中遇到问题，父母总是批评，只盯着孩子的短处和缺点，较少表扬他们的优点。

很多父母都有这样一种困惑：对孩子越批评，问题越顽固，越难以克服。

面对父母们的这一困惑，我们建议：多关注孩子的优点与长处，运用积极心理学，让孩子发掘自身积极因素，实现更好的自我成长。

美国积极心理学之父马丁·塞利格曼研究感恩、美德、幸福感、坚毅、人生意义、利他、自律、育儿、意识、自我效能、关系、掌控和合作等内容，并致力于促进个人与社会的发展，帮助人们走向幸福，使儿童健康成长，使家庭美满幸福。

【案例1】

孩子都爱涂鸦，朵朵也不例外，最开始，她只在画板上随便画。后来，她发现墙上也能画，以至于家具、鱼缸、衣服、电器、包装盒都没能幸免！朵朵妈妈总是不经意地发现，这儿多了几笔，那儿又画了一团，弄得家里到处像龙卷风、毛线团，虽然一眼看上去乱乱的，但仔细欣赏，你会发现这里面的乐趣和美！

后来，朵朵妈妈和朵朵约定好，划分了可以涂鸦的区域。餐厅区和电视背景墙归姐姐，沙发背景墙和书房是她的地盘，大家只能在自己的区域画。朵朵牢牢记住了这个约定。从此以后，朵朵就在自己的区域画画，一有时间就去画几笔，不知不觉，整面墙都快画满了！

朵朵妈又在卧室开辟了一面墙给她，她常常一边画一边还喃喃自语地讲她画出来的故事，每次讲都有新的发现。这就是女儿创作的迷宫，每天从幼儿园回来都会添上几篇。超强的表现力令朵朵妈感到惊讶！

朵朵在不知不觉中，开始用画笔表现自己的感情和思想，不仅充实了她的心灵，也美化了朵朵的家，全家人每天看她在墙面上安静专注地涂鸦，总有一种感动充盈……

【分析】

这个案例中没有一个“爱”字，却能感受到浓浓的爱意与发自内心的欣赏。母亲只有给孩子充分的自由与适度的规则，孩子才能在充满尊重与安全感的世界里淋漓尽致地发挥潜能，创造精彩。如果阻止孩子涂鸦，很有可能将天才扼杀。

【案例2】

当当快2岁了，跳舞时喜欢扭动自己的身体，妈妈给她安装了一面镜子墙，想让她的“舞蹈更有乐趣”。没想到不粘胶纸引发了她的兴趣，她想把不粘胶纸贴到镜面上。一只手拿起纸片，另一只手按住纸片，被按住的纸片越来越多，稍不留神，纸片就从手上滑落。纸片偶然落在贴脚线上恰好“贴在”了镜子上，她又发现纸片还可以卡在镜子之间的缝隙里。

不到2岁的她，竟然有如此强的专注力和探索欲望！

纸片经过反复摩擦而产生了静电，有些纸片真如她所愿乖乖贴在了镜子上。当当兴奋了起来。妈妈拿起纸片沾了沾水然后贴在了镜子上。当当像发现了新大陆，模仿着、摆弄着，实现着自己的愿望。

爸爸用小纸片折了一艘小船，在船底沾沾水贴在镜子上，船慢慢地向下滑去，当当激动地拍起了小手。

父母和孩子一起发现并分享周围新奇、有趣的事物或现象，一起寻找问题答案，过程如此快乐。

【分析】

一幅幅温馨和谐、富有童趣的画面，展示的不仅仅是孩子专注持续的探索之旅，更让我们看到了父母的理解、关注和支持。真正创造的原动力在于童年的安全感，父母是港湾，是基地，在爱的目光里，孩子的个性才会充分展现，孩子的爱好和特长才如嫩芽一般破土而出。

这个案例提示我们：父母需要容忍孩子因探究而弄脏、弄乱，甚至破坏物品的行为，真诚地接纳、多方面支持和鼓励孩子的探索行为。

认知：

理解：

做件什么事	怎么做的	做中的感悟

准备：

学会做：

平时多给孩子一点爱

孩子是需要经自己的体验和感受来探索世界的。父母要做到尊重，但同时应该学会不宠溺孩子，关键是培养孩子自立和互助。

人们常说“眼睛是心灵的窗户”，这窗户里能发出许许多多的信息，而父母向孩子发出的最重要的信息就应该是：“我相信你！”假如你的孩子变得烦躁不安，你可以想一想，是不是孩子缺少了爱的目光？假如你的孩子变得沉默寡言，你就应该扪心自问：你对孩子爱的目光足够吗？

如果你想更有效地教育孩子，就应该努力做到：和孩子进行生活沟通交流时，教导孩子做人道理时，赞赏鼓励孩子的进步时，纠正孩子的过错时，回答孩子的问题时，帮助孩子解决生活和学习的困难时，和孩子一起游戏时，要想方设法、尽可能多地让孩子看到你尊重、认真、信任、慈爱的目光。

爱的目光是孩子成长的营养源，与孩子交流时，父母爱的目光，往往胜过各式各样的语言。

要多用爱的语言肯定孩子。父母面对孩子时要谨言慎行。与孩子的每一次对话、沟通，都应该是给他展示方向，促进孩子的成长，务必要掌握欣赏和反馈的技巧，善用鼓励的语言来表达对孩子的爱，用心欣赏、发现，然后及时地反馈给孩子。

要明白：孩子的自信心、成就感，是被肯定、被发现、被鼓励出来的。

【案例1】

远远是黄侃的女儿，在荷兰留学时选择用一种极端的方式结束了自己年轻的生命。

上幼儿园时，由于黄侃夫妻俩工作较忙，于是将她送去寄宿学校。

“如今来看，当时对她太残忍了，那么小的年纪，正是在父母身边撒娇淘气的时候，却一个人孤单地住在学校。”黄侃后悔地说。“另外，我对女儿的关心过于物质化，在精神上交流太少，对她的精神世界缺少了解。”黄侃说：“女儿曾经也和我交流过感情上的问题，但我是个粗线条的人，有时候大大咧咧，对这种事不太敏感。”

黄侃坦言，在学习上，女儿也承受着一定的压力。“她学习成绩一直不错，我也没有对她有太高的要求，但是一旦考试没考好，我也会旁敲侧击地鞭策一下她。”后来，黄侃发现女儿在心理上的问题早已隐约出现。只要碰上大考，就考不出好成绩，这就是心理压力过大造成的。

【分析】

这是一个令人悲伤的案例，值得我们所有父母反思和借鉴。现在年轻的父母为了工作把孩子放在爷爷奶奶那，这对孩子的成长是不利的。父母一定要和孩子生活在一起，陪伴她、引导她、帮助她、鼓励她。孩子有问题的时候，父母能及时提醒，给予帮助。作为父母，你对孩子的任何帮助、关怀，也是对自己的帮助和关怀。

【案例2】

小杰是一名小学六年级的学生。他个子矮小，刚上学那会儿每天沉默寡言，不喜欢和同学们玩闹，在课堂上经常表现出想怎样就怎样的行为，学习成绩中等，但性格易怒，听不得批评，也吃不得亏，经常为一点小事就能发怒甚至大打出手，下手还挺重的，多次说服教育但收效甚微，让老师很伤脑筋。

【分析】

从小杰的行为表现可以看出这是一个缺少关心、缺少爱的孩子，他只是自我保护而已。所谓的“问题孩子”都是因为后面有“问题父母”，父母只顾自己，很少和孩子沟通、交流，孩子想什么，需要什么，以及带来的情绪反应都很少给予关注，时间一长，孩子的内心会扭曲、变形。

孩子是需要陪伴的，需要父母在日常生活中去关心、关爱、倾听、理解、尊重，父母对孩子的爱要从“心”上下功夫。

认知：

理解：

做件什么事	怎么做的	做中的感悟

准备：

学会做：

要用爱的情感感染孩子

“爱管教”这三个字，在家庭教育中是不能分家的。

管教孩子要体现着父母对孩子的真爱。俗话说：“没有规矩，不成方圆。”父母对孩子的爱也要爱得有原则、有边界。

父母爱孩子就要依照法律、道德和社会规则，在家庭中订立并实行家规。

生活中有这样一个故事：

一个11岁的男孩，从外边捡回一只受伤的小兔子。

孩子的父母看着快读中学的儿子还那么热心给兔子包扎、喂食，甚至抱着兔子睡觉，就发起“无名火”：“这都什么时候了，小升初多重要啊，你还养兔子？”

当时，孩子在困窘中答应父母：养兔子不耽误学习，父母还是趁孩子不在家，把兔子送给了乡下亲戚。

当孩子放学回到家里，发现兔子没了，哭得很伤心，对孩子打击最大的是：当孩子问清理由，来到乡下亲戚家时，乡下亲戚不仅把兔子杀了，还把兔皮拿来给他看。

这件事在孩子心理产生了极大的反差，自己的“喜好”，不仅没得到尊重，反而被“扼杀”。

随着孩子逐渐长大，产生了自己的想法和观点，同父母产生了很大的隔阂。

尊重孩子要懂得：孩子的世界确实和我们的不同。

尊重就是让孩子对自己充满自信，相信自己有能力做出正确的选择和判断。

尊重就是不把父母的意愿强加于孩子，尊重孩子自己的爱好，鼓励孩子发表自己的意见与看法，要相信孩子有自己的见解。

【案例1】

王先生的儿子迷上了电脑游戏，整天逃学上网，无心上学，老师多次劝导他也不听。

王先生心急如焚，经过多次思考后决定：用爱去感化儿子。

首先当儿子的司机。每天早上先送儿子去学校后再去上班，下午一下班就去接孩子。

每天来回四趟，无论天多冷，雨多大，王先生始终坚持在生活上当儿子的伙伴。

一到双休日，王先生就会推掉一切应酬，陪他散心、逛街、上书店，买给他最喜欢的衣服，最喜欢看的书，为他做最合口味的菜。有时候还会带他去钓鱼，使他体会到通过劳动获得食物的艰辛。

【分析】

在学习上成为孩子的良师益友的王先生经常在家陪着孩子看书，适时地跟他谈理想，谈学习，严慈相济。功夫不负有心人，最终，儿子感悟到了父亲的关爱，远离了网络，变得勤奋好学。

【案例2】

王先生的女儿刚学会说话的时候，嘴很甜，喜欢叫人，可不知从什么时候开始，就金口难开了，见人不是低头不语就是装作没看见。

王先生忍不住催她：“乖，快问叔叔阿姨好！”她没反应。王先生有些难为情，再催，还是不叫，王先生就急了，说：“宝贝儿，不叫人可不礼貌啊！”“没有礼貌的孩子是没有人喜欢的！”等等。

几次三番之后，收效还是不大，孩子似乎一直无动于衷。

在一次外出时，孩子不与人打招呼，王先生十分生气，对孩子采用了冷暴力，快步往前把孩子晾在了自己的身后。

孩子马上紧追上来，王先生生气地说：“我不喜欢没礼貌的孩子。”孩子很委屈地“哇”的一声就哭了……

【分析】

王先生对孩子采用的“冷暴力”是“快步往前把孩子晾在了自己的身后”，是王先生教育孩子的方法，没有“打骂”，也没有“说教”，而且起到了“行胜于言”的效果，“孩子很委屈地‘哇’的一声就哭了”，说明孩子马上意识到自己的错误，比“打骂”和“说教”的效果要好得多。

认知：

理解：

做件什么事	怎么做的	做中的感悟

准备：

学会做：

要不断激发孩子对生活的兴趣

培养孩子生活的兴趣是孩子身心发展的需要，孩子一旦对生活产生兴趣，就能够获得更全面的发展。

随着孩子年龄的增长，好奇心越来越强烈，在这种好奇心的驱使下，会激发孩子对生活的兴趣，让孩子学会观察、比较和分析，对周围的事物充满好奇和探知的欲望。

父母如果能够及时有效地激发孩子的好奇心，培养孩子的兴趣，孩子的心理就会得到满足和发展，身心也会处于积极健康的状态，从而给孩子的成长奠定坚实的根基。

对于儿童来说，培养他们的兴趣爱好更是一件迫在眉睫的事情。

儿童在成长发育的过程中经常感到孤寂。随着年龄的增长，各种各样的问题也会随之而来，如果不独自奋斗，孩子就不能学会很好地解决问题，不会有提升自身能力的信心，自尊心也会受到影响。

孩子不奋斗永远不会经历失败，一旦遇到失败，可能就会极度恐惧、害怕令他人失望。无论是缺乏自信还是害怕失败，都会导致沮丧或焦虑情绪。

因此，孩子的心里常常十分空虚，生活十分单调，其原因就是缺乏对生活的兴趣，甚至对周围事物表现出冷淡、麻木的状态，缺乏本应该有的热情和活力。

同时，父母作为孩子的监护人如监护不力、不到位也会造成孩子缺乏对生活的兴趣，造成生活沉闷等现象的出现。

孩子对生活有了兴趣，就能够很好地陶冶情操，远离孤独以及克服一些不良的爱好和习惯，在生活兴趣的支撑下，孩子的身心发展就会朝着积极健康的方向发展，始终保持积极向上的态度，重新建立起人生辉煌的自信。

兴趣是人们积极探索某种事物或进行某项活动的原动力，是做好任何事情的基础。缺乏兴趣的支撑，孩子就会像泄了气的皮球，变得非常干瘪。

不仅如此，培养孩子生活的兴趣，对父母来说也是增进彼此了解、加深彼此感情的良好机会。在培养孩子兴趣的过程中，父母一定要深入孩子的生活和心理，这样就会潜移默化地成为孩子信任和喜欢的人。

兴趣对培养孩子积极乐观的道德品质十分重要，在培养孩子生活兴趣的同时，也能够培养他们良好的道德品质，帮助孩子树立起远大的志向，没有兴趣或是兴趣过于单一都无法让孩子拥有积极乐观的品质。

试想：一个只喜欢看电视的孩子一旦没有电视可看，那么必定会郁郁寡欢。相反，如果孩子有生活的兴趣，没有电视看的时候可以看书、听音乐、打球等，那么孩子就能时时保持积极乐观的心态。

总之，培养孩子生活的兴趣，就是要点燃孩子心中对生活热爱的火把，这是保障孩子健康顺利成长的关键，对孩子的成长发育是非常重要的。所以，作为孩子的父母，一定要正确地认识和看待孩子心理发展需求和状况，注重对孩子兴趣的培养，从而点燃孩子生活、学习的激情和斗志，让孩子健康成长。

具体来说，培养孩子的生活兴趣可以从以下几个方面来着手。

1. 活跃生活气氛，激发孩子的兴趣

枯燥而单一的家庭氛围，会让孩子本来脆弱封闭的心变得更加沉寂，父母要将简单而乏味的生活转换为积极、活跃的生活，努力为孩子营造良好的环境和氛围。在这样的环境氛围中，父母就能够有效地激发孩子的兴趣，让孩子的身心都得到放松，从而使孩子的兴趣有生长的土壤。

2. 深入孩子的生活，积极寻找孩子的兴趣点

每一个孩子都有自己感兴趣的东西，孩子之所以缺乏对事物的兴趣，冷淡麻木，是因为孩子发展兴趣的心理需求和

愿望受到了压制。

所以，父母在对孩子教育和管理过程中，要深入他们的生活，在生活中积极地寻找孩子感兴趣的东西。只有找到孩子感兴趣的东西，有的放矢地给予孩子积极的引导，孩子的兴趣才能得到发展和满足。

3. 创造机会，多多接触各种事物

兴趣是孩子遇见生活中与之相适应的内容而自然而然产生的。孩子之所以在生活中表现出沉闷冷淡，就是因为孩子的心理需求被压抑甚至是扭曲。

作为孩子的父母，要多创造机会，让他们接触更多的环境，以激发孩子对某种事物的兴趣。

只有让孩子多多接触生活，并在这个过程中积极地引导和鼓励，他们的兴趣才会逐渐地得到培养。比如，父母可以充分利用生活的资源，组织孩子开展读书竞赛、文体比赛、生活小技能竞赛和社会实践活动等。这些活动也有助于培养孩子的兴趣。

4. 积极引导孩子进行体育锻炼

体育锻炼对孩子来说，不仅能够增强孩子的体魄，还能唤醒孩子内心深处对其他事物的兴趣。同时，一旦孩子对体育锻炼发生了兴趣，孩子就会比较乐意去参加各种体育活动，从而产生对生活的兴趣。

因此，父母在平时的家庭教育中，要积极引导孩子参加体育锻炼，让孩子接触更多的体育运动。

总之，生活的兴趣对孩子的成长和发展是非常有益的，父母一定要注重培养孩子对生活的兴趣，保证孩子健康、快乐地成长。

【案例1】

林林儿子从小对汽车非常着迷，却很少对其他事物特别感兴趣。林林夫妇觉得孩子的兴趣太单一了，试图让他的关注转移一下，但收效甚微。看他那“一如既往”的执着劲儿，夫妇俩也只好改变策略，充分地满足他，散步时看小区停着的车，陪他站在阳台上“研究”路上的车，双休日还带他乘坐公交车。不久，他就对汽车的种类、颜色、形状、大小、快慢，甚至公交车沿途站名都非常熟悉，连坐哪路车到什么地方都能讲得头头是道，眼界开阔了许多，兴趣不知不觉地变得广泛了。例如，他现在喜欢手工制作，要研究地图，对兵器及其他交通工具也有兴趣，连性格也变得开朗了。

【分析】

父母要有意引导孩子在生活中发现自己的兴趣，对孩子一生的发展十分重要。

林林儿子对汽车情有独钟，一定是日常生活中来来往往的汽车引起了孩子的好奇心。林林夫妇索性满足孩子的渴求，创造各种机会让孩子了解汽车。孩子从中收获了与汽车有关的知识，性格也开朗了。

培养孩子在生活中探索，在引导孩子兴趣的时候，务必要从尊重孩子的兴趣开始。

【案例2】

谢婷想要锻炼女儿数学运算的能力，她发现女儿常常算得又快又准，女儿数学方面很有天赋，也很喜欢。为了满足女儿的兴趣，她给女儿买了些和数学有关的玩具和图书。

但是，谢婷发现女儿的运动能力弱，对体育运动最没兴趣。谢婷就陪她报游泳训练班和羽毛球班，还常带她登山锻炼体能。现在女儿运动能力强多了，而数学方面的兴趣也丝毫不减，对自己全面发展也有了充足的信心。

【分析】

孩子的很多兴趣都是在生活中发现和培养的。案例中的母亲谢婷就是通过在生活中抓住买东西的机会来锻炼孩子的计算能力，发现了孩子在数学方面的天赋。这位聪明的妈妈不仅注意在生活中发现孩子的兴趣，同时也注意观察孩子的不足。

生活是孩子学习最大的舞台，内涵丰富，父母要培养孩子热爱生活，引导孩子在生活中学习并发现自己的兴趣。

认知：

理解：

做件什么事	怎么做的	做中的感悟

准备：

学会做：

鼓励使孩子充分发挥特长

每个孩子都具有特长，关键是我们是否早期发现和及时给予培养。专家认为：孩子的特长，在受到鼓励后，就会自然得到发展。

作为父母应如何判断或及早发现孩子的特长呢？

比如，孩子很早就兴致勃勃地开始交谈，常常用自己加工过的词句，还擅长学会一些新词汇或长句子，喜欢唱歌，喜欢跳舞，喜欢写诗或讲故事，喜欢读书，喜欢运动，喜欢冒险等。

我们怎样在孩子那么多的“喜欢”中，及早发现和培养他们的特长呢？

比如，对喜欢读书写诗或讲故事的孩子，每天晚上上床时，读书、讲故事、背诗歌给他听，适当给他提供足够的书籍。要求孩子背诗，父母也背一些，适当时玩一些文字游戏等。对他写的或背的每项东西都要有所反应，并及时给予鼓励。

这些孩子不仅有以上的“喜欢”，还具有以下特点：爱听汽车喇叭、电视机等发出的音响，喜欢摸琴键，即使没有歌词，或换了乐器，他们也能知道是熟悉的曲子。学新歌特别快而且发音准确。

具备这些特点的孩子，一般他（她）们的特长就是“文学艺术类”。促进他（她）们特长发展的方法是：给他（她）唱歌，租或者买一部钢琴、笛子等乐器，采购一些适应他（她）们读的书，在家庭里布置好有利于孩子成长的环境，一个小艺术天才就会诞生。

有的孩子喜欢下跳棋和象棋，喜欢抽象思考，能很快搞通一些等量关系（如2天=48小时）等，他（她）们的特长就可能是棋牌类，父母就要鼓励和陪伴他（她）们下棋。

比如，给他（她）创造一个棋牌室等，他（她）们就会分门别类玩棋、牌，哪怕他（她）屡屡得胜或屡屡失败，都会专心致志。如果能就近为他（她）寻找几个有数学才能的小伙伴，他（她）们就可以组成棋牌俱乐部。

这些孩子的特点是：有丰富的想象力，除棋牌外还会画楼梯、用立体画法画箱子。

培养这样的孩子从小就要提供适合他（她）们特长的场所，常带他（她）们到陌生的地方参加比赛，并请他（她）们把做过的事记录下来，或者画下来。

有成绩的运动员和舞蹈家都有这方面的天赋。

如果你的孩子对翻跟头、游泳、骑车一学就会，那他就有这方面的天赋了。

培养这样的孩子就推荐到舞蹈或体操俱乐部，尽力而为地为他提供些体育器材。

一般我们常留心孩子认识自己的缺点，但那些懂得如何计划和使用自己才能的孩子，往往是在他（她）们长大后才发现，等到培养时，为时已晚，即扼杀了孩子的天赋。

有不少父母说：别人的孩子特长不难发现，我也常注意到孩子的变化，对于自己的孩子就很难发现和培养，实际上，要避免这一点，并不难，那就是发现孩子的喜好，孩子一旦产生兴趣或者着了迷，这便是他（她）的特长。作为父母发现孩子的特长，务必给予鼓励和支持，鼓励培养特长，培养成天才。

如果孩子能认识自己的特长，父母一定要加以鼓励和赞扬，要有耐心加以培养，千万不能错过良机，否则，就等于扼杀了自己亲生的“天才”。

【案例1】

每个孩子都蕴藏着自己的爱好和特长，关键在于发现它。

学习成绩差的孩子也许是体育课上的优秀者，数学课上的迟钝者也许是手工制作方面的能工巧匠。

因此，发现了孩子的特长，就不必仿照攀比别人，非要把孩子培养成尖子生、数学家不可。

作为父母要善于发现，诱导孩子成才。

诺贝尔化学奖获得者奥托·瓦拉赫的成才过程极富传奇色彩，对于家庭教育也不乏启发作用。

瓦拉赫读中学时，父母为他选择的是一条文学之路，一个学期下来，老师为他写了这样的评语："瓦拉赫很用功，但过分拘泥。这样的人即使有完美的品德，也绝不可能在文学上发挥出来。"

瓦拉赫父母只好让他改学油画。

瓦拉赫既不善于构图，又不会润色，对艺术的理解也不够，成绩在班上总是倒数第一，学校的评语更是难以接受："你是绘画艺术方面不可造就的人。"

面对如此"笨拙"的孩子，绝大部分老师都会认为他成才无望，只有化学老师认为他做事一丝不苟，具备做好化学实验的素质，建议他学化学。

瓦拉赫的父母接受了化学老师的建议。

这一次，瓦拉赫智慧的火花一下子被点着了。

一个文学艺术方面"不可造就的人"一下子变成了公认的化学方面"前程远大的高材生"。

在同学中，他的成绩遥遥领先。

瓦拉赫的成功说明这样一个道理：一个人的智能是不均衡的，人都有强点和弱点，一旦发挥自己的智能，即潜力得到充分发挥，便可取得惊人的成绩。

【分析】

父母发现孩子的爱好和特长仅是开始，关键在于引导和培养。一旦确认孩子某方面的特长，就应引导他把特长释放出来，并制订长远规划，一步一步地提高，使其不断发展。

我们父母应该记住：在孩子全面发展的基础上，尽量发挥孩子的特长，帮助他实现自己的目标。

【案例2】

青蛙王国在为一件事头疼：他们的小王子不会“呱呱”叫！虽然青蛙王子特别擅长模仿其他动物的叫声，可就是学不会自己种族的“呱呱”叫。小青蛙遇见了“南南”和“北北”。听到沮丧的小青蛙否认自己是青蛙时，“南南”和“北北”鼓励它说：“你就是一只纯正的青蛙，真真正正的青蛙。”

小青蛙睁大了闪着泪花的眼睛，对自己又有了信心。

“小青蛙”学老虎吼，吓跑了大蛇，救了族人。后来，小青蛙发现，有几条大蛇正准备袭击自己的家人们！小青蛙急中生智，发挥自己模仿动物叫的本领，用大老虎的嗷嗷吼声，吓跑了大蛇，拯救了家人。

迟花终有盛开时，小青蛙终于喊出了第一声“呱”。青蛙们激动极了，大家都为小青蛙感到自豪！小青蛙从来没有这么开心过，之前沮丧的心情一扫而空！

【分析】

青蛙王子能叫出不同动物的叫声，惟妙惟肖，像真的一样，但它就是学不会自己这一族的本能叫声。所有青蛙都很失望，包括它自己。它甚至也觉得自己不再是一只青蛙了。幸好，它遇到了胆大自信的“南南”和“北北”，在它们的鼓励下，第一次听到“你就是你自己”这样的理念。

每个人都有强项和弱项，每个人都是有价值的，不要觉得自己不行。在这一点上，你技不如人，但总有一天，你的优点让人惊叹。

认知：

理解：

做件什么事	怎么做的	做中的感悟

准备：

学会做：

要增强孩子的生活愿景

孩子需要照顾，需要父母的关心。

对孩子的照顾应适当，关心和尊重也要适度，不可滥用。

孩子真正需要的是以自己的体验和感受来探索世界。父母要做到尊重，但同时应该学会不宠溺孩子，关键是培养孩子的自立和互助。

人们常说“眼睛是心灵的窗户”，这窗户里能发出许许多多的信息，而父母向孩子发出最重要的信息就是：“我相信你！”假如，你的孩子变得烦躁不安，你可以想一想，是不是孩子缺少了爱的目光？假如你的孩子变得沉默寡言，你就应该扪心自问：对孩子爱的目光足够吗？如果你想更有效地教育孩子，就应该努力做到：和孩子进行沟通交流时，教导孩子做人的道理；赞赏鼓励孩子的进步时，纠正孩子的过错；回答孩子的问题时，帮助孩子解决生活和学习的困难；和孩子一起游戏时，要想方设法、尽可能多地让孩子看到你尊重、认真、信任、慈爱的目光。

爱的目光是孩子成长的营养源，与孩子交流时，父母爱的目光，往往胜过各式各样的语言。

要多用爱的语言肯定孩子。

父母面对孩子时要谨言慎行。与孩子的每一次对话、沟通，都应该促进孩子的成长，于是，务必要掌握欣赏和反馈的技巧，善用鼓励的语言来表达对孩子的爱，用心欣赏、发现，然后及时地反馈给孩子。

要明白：孩子的自信心、成就感，是通过被肯定、被发现、被鼓励得来的。

【案例1】

有一天，孩子们要画牛。张老师让孩子们观察了关于牛的图片和范画，然后便开始画了。

“快来看呀，笑笑的牛身上长刺了。”孩子们都凑了过去。“她画的牛棚好乱！”“你画的小孩手里怎么就拿一根草来喂牛呀？”“你画的和老师的不一样！”孩子们七嘴八舌。笑笑显得有点尴尬，张老师鼓励笑笑讲讲她的画。“这是牛毛，我姥姥家的牛身上就长了好多牛毛。”“这是草栏子，是装草的地方，姥姥家的牛草就装在那里。”“我姥爷每天中午都会赶牛去小河边喝水，我画的小孩是我。”

【分析】

教师聆听并鼓励孩子进行创造性绘画，并让孩子充分地展开遐想。爱孩子就让他充分地感受生活，热爱生活，对生活充满希望，并让孩子用自己的方式去展现。

【案例2】

与东哥一起玩耍的孩子学了差不多一年的英语，朋友提醒东哥的妈妈，如果现在不学，孩子就丧失了语言的最佳发育时期。东哥的妈妈经常接到早教中心的电话，也带东哥去体验过，还是没有给他报各种校外班。自从东哥出生以后，东哥妈妈白天专心带他玩，晚上等东哥睡了再做自己的事。

3岁以前东哥喜欢推着各种汽车满房间里跑。3岁以后，他爱上了拼插，自己创意各种造型。东哥妈妈买了多套乐高，多套布鲁可。大颗粒、中颗粒、小颗粒，从碗到蛋糕，从屋顶到小桥流水，从高山到草地，所有建筑材料一应俱全。东哥喜欢消防演练，每天都拉着妈妈跟他玩，于是东哥妈妈干脆就带他玩真的。先模拟他们住的小区，东哥跟妈妈热火朝天地建好小区以后，插上熊熊燃烧的大火苗。妈妈用对讲机呼喊东哥：“5号消防员东哥请注意，小区10号楼发现火情，有小孩儿被困7楼，请求东哥前来支援灭火。”东哥听到后立马回话：“队长，收到，马上就来！”然后开着他的消防车风驰电掣来灭火。

有时也玩快递游戏，东哥瞬间化身快递员。他从卧室里开出蓝色四轮房车，车顶上放上东西，开到客厅或厨房，笑眯眯地说：“老板，你好，我是快递员东哥，你的快递到了，请你签收。”东哥妈妈接下快递，递给他一元硬币，他一脸的快乐和满足。

【分析】

父母热爱生活必定会培养出热爱生活的孩子。东哥的妈妈宁愿让孩子玩，也不让孩子参加各种学习班。通过让孩子玩消防员游戏、快递游戏等各式各样的生活游戏来培养孩子生活的乐趣和热爱生活的能力，在游戏中也让东哥体验了为他人服务的乐趣。

认知：

理解：

做件什么事	怎么做的	做中的感悟

准备：

学会做：

保持孩子积极的心态

拥有积极心态的人遇到问题就会告诫自己："我一定能行。"这种积极心态指引着人们不断地找原因、想办法，不断向成功解决问题的方向努力，人们就会更加有信心，心态和行为相互影响，最终就会获得成功。

克制或消除消极和吝啬的心态。

消极心态的人遇到问题的时候，不断告诉自己"不可能"。这种消极的心态指引人们不断地找借口、找理由，向放弃的方向退守，不去考虑问题如何解决，最终使人焦虑不安、负向情绪增多、更加不自信，问题非但没有处理反而越积越多，从而走向失败。

排除吝啬的心态。比如，每天徘徊在"有可能，试一试"和"不可能，算了吧"这两种心态中，努力几天，放弃几天，再努力几天，再放弃几天，然后得出结论"我没有这个能力，就这样吧"，最终可能就放弃了。

在教育孩子的过程中，有的父母存在这三种心态，只有拥有积极心态的父母才能不断帮助孩子解决问题，让孩子更优秀。因此，父母的积极心态可以帮助孩子，没有这样的心态，就没有办法帮助孩子进步。

【案例1】

有个塌鼻子的小男孩，两岁时得过脑炎，智力受损，学习起来很吃力。别人写作文能写二三百字，他却只能写三五行，十个字。

有一次小男孩在作文里写了这样一段说："我有两个愿望，第一个是妈妈天天笑眯眯地看着我说：'你真聪明。'第二个是老师天天笑眯眯地看着我说：'你一点也不笨。'"

这句话深深地打动了他的老师，那位妈妈式的老师不仅给了他最高分，在班上带着感情朗读了这段话，还一笔一画地批道：你很聪明，你的话写得非常感人，请放心，妈妈肯定会喜欢你的，老师肯定会格外喜欢你的，大家都会喜欢你的。

【分析】

智力可以受损，但对孩子的爱永远不会，它朝气蓬勃，充满无尽的希望。这虽然是个因为意外而智力受损的孩子，但内心却种下了美好的种子。他知道自我鼓励，他没因为自己的"缺陷"放弃希望。

一个孩子积极乐观，通常父母也是如此。同样，如果一个孩子对自己自暴自弃，对生活没有方向，那么他的父母也会是这样的人。所以，父母永远要对生活满怀希望，保持开放的心态，榜样的力量就会给孩子带来积极的影响。

【案例2】

琳达老师第一次见到杰伊的时候，他正在读高中二年级，在体能和社交方面都显得有些笨拙；他对人非常友好，正在尝试寻找自己在校内和校外的定位。他们第一个学期在一起做的事情很简单。杰伊对这些学习习惯都能理解，但是他只采纳其中50%的建议，另外的一半被忘到了九霄云外。某一周能把活页夹整理得井井有条，而接下来的一周却又是一团糟。另外，琳达老师能看得出他的妈妈在看到他懒散和犯错的时候，经常牢骚满腹。但琳达老师还是安慰她要保持积极和乐观的心态。“不可能一夜之间就能改变。”“想想他们不可能永远都这样。”

的确，有时他的进步是一点一滴的。第一学期的时候，杰伊发现自己的期中考试成绩当中，三门功课是D、一门功课是F。即便是这样，琳达仍然保持乐观的心态，和他一起关注学习习惯的培养，他们慢慢地一点一点地重新开始。第一学期，杰伊以很慢的速度完成了学习任务，与他以往的学习成绩相比，并没有太大的进步。但是他开始明白自己需要做什么，在接下来的一个学期里，他的学习发生了翻天覆地的变化。

后来因为他们搬了家，就没有再和琳达老师直接联系，但是他了解自己的习惯，也有了奋斗的目标。

【分析】

保持积极乐观的心态，一定会收获积极乐观的结果。琳达老师对稍显“笨拙”、缺少生活条理的杰伊和对缺少耐心的杰伊妈妈的有效引导，就是让他们永远要保持积极和乐观的心态。“不可能一夜之间就能改变。”“想想他们不可能永远都这样。”

作为父母，我们所扮演的角色是在整个教育孩子的旅程中保持正面的心态，能意识到孩子遇到的所有“问题”都是在帮助孩子成长，并且他们的进步离不开父母的支持（图3）。

认知：

理解：

做件什么事	怎么做的	做中的感悟

准备：

学会做：

本章盘点

◎ 小问题

回答下面的问题，帮助你理解尊重个性与培养爱好与特长在家庭教育中的必要性。

1.培养爱好与特长的目的是什么？

2.培养爱好与特长首先要学会什么？

3.培养爱好与特长的步骤是什么？

4.培养爱好与特长有哪些环节？

5.培养爱好与特长的效果有几层？分别是什么效果和表现？

6.培养爱好与特长和掌握知识应该如何链接？

7.培养爱好与特长的方式不同，其效果有哪些不一样？

8.生活中培养爱好与特长的问题有哪些？

如何做更好的父母

◎收起你的懦弱，摆出你的姿态，培养孩子的爱好与特长，不要打击孩子的积极性。

◎就算周边的人（含家庭成员）都否定孩子，你也要相信孩子，不要管别人的看法。

◎很多事是尊重出来的，要相信，世上本没有做不到的事，只有不尊重，才适得其反。

◎不管孩子如何，都可能不被欣赏，总有人认为他不够好，不管别人怎么看，你都不能不尊重孩子。

“管理好自己”思考题

【反向思维】

◎培养爱好与特长没有用，孩子就是不愿意学习！

◎培养爱好与特长孩子到位了，孩子还是不好好学！

◎我对孩子的培养爱好与特长，道不同不相为谋！

◎培养爱好与特长不到位，反而被别人瞧不起！

【正向思维】

◎培养爱好与特长之后，家庭和睦了！

◎培养爱好与特长之后，孩子的能力提高了！

◎培养爱好与特长之后，父母与孩子相处更融洽了！

◎培养爱好与特长之后，父母与孩子的误会没有了！

与心对话

每日一问：

家庭生活中总有一些磕磕绊绊的冲突点，很多事情都需要爱好与特长的培养，你面对这些问题是怎么解决的？你身边的家庭又是怎么处理的？

请将在家里看到的记录下来：

陶行知说：想自立，想进步，就须胆量放大，将试验精神，向那未发明的新理贯射过去；不怕辛苦，不怕疲倦，不怕障碍，不怕失败，一心要把那教育的奥妙新理，一个个地发现出来。捧着一颗心来，不带半根草去。你们抱着这种精神去教导小朋友，总是不会错的。

“爱”孩子不能忽略的“原则”

- “爱”也要有原则
- 要孩子有“智慧”，就不要“打骂”
- 只要“失德”就会“缺德”
- 有“平等”才会有“尊重”
- 握准人生方向盘，别驶错方向
- 孩子不尊重父母的原因
- 赢得孩子理解的方法

“爱”也要有原则

父母“爱”孩子的原则是指父母面对孩子说话、行事所依据的准则，按照事物的本质看待问题、处理问题的原则包括：观察问题、处理问题的原则。

父母教育孩子要做到条理分明，就要把教育孩子的各种原理、原则放在身边，时刻自我提醒，以避免养成面对孩子独断专行的习性。父母教育孩子的“原则”并非一些深奥玄妙的哲理，换句话说：这里的“原则”就是父母教育孩子的行为准则。

作为父母只有不断自我教育、自我反思，用让事实证明是正确的道理，去引导、感化孩子，才会起到应有的效果，这就是父母教育孩子的原则。

【案例1】

谢老师曾经在上班路上遇到过这样一位妈妈，妈妈看上去很博学，一直在不失时机地给孩子讲各种知识，而这些知识一听显然超出了孩子的理解范围，结果孩子很少回应，连一点表情都没有，谁知道孩子听进去多少呢？

还有一次在图书馆，谢老师看到一位妈妈一直在给四五岁的孩子读书讲故事，一本接一本，一个接一个都不停息，嗓子都快说不出话来了。从孩子呆滞的目光能看出，他早就听烦了。

作为一名从事家庭教育的老师看到这些情景不禁感慨，这些妈妈忘我地付出，似乎想倾自己所有灌注到孩子的世界里，恨不得孩子能马上全部吸收，快快长大成才。然而事实呢，孩子被填鸭，没有透气的机会，最后变得麻木厌倦，成了妈妈手中的傀儡。

【分析】

能说这样的父母不爱孩子吗？他们的爱里附加了太多的期望，大量知识信息填鸭式的教育并不能弥补孩子情感的空白，不能代替亲子之间的自然沟通，更剥夺了孩子自我成长的机会，这样的爱，终究是伤害。

【案例2】

邢岷的儿子上小学一年级时，《爆丸小子》热播，儿子收集了几乎所有种类的爆丸，可他依然看到必买。有一天，放学回家路上，儿子看到路边小摊摆着各种爆丸，他又不走了，最终，邢岷还是坚持不买，儿子气得直哭。

晚饭后，邢岷对儿子说：“你看，这世界上有很多好东西，包括好玩的玩具、漂亮的衣服很多很多，但我们不可能全部拥有，有时候喜欢了，看看欣赏一下就可以了，就像妈妈看上了一件昂贵的衣服，我当然不会拿一个月工资去买，但是可以欣赏欣赏。”这时儿子已经想通了。

后来再买东西时，儿子逐渐变得理性起来，没有发生类似情况。

【分析】

对孩子提出的不合理的物质要求，父母要合理分析，如果是孩子的兴趣爱好，要像这位妈妈那样去合理引导；如果孩子是通过买东西向父母索要“爱”，父母要告诉孩子：“我没给你买，但我也是爱你的，我给你讲故事、陪着你玩、为你做好吃的，都是在爱你！我爱你的方式有很多种，不只是通过给你买礼物！”

认知：

理解：

做件什么事	怎么做的	做中的感悟

准备：

学会做：

要孩子有“智慧”，就不要“打骂”

父母要明白：孩子的智慧不是父母打出来的，智慧是打不出来的。有智慧的孩子不需要父母打，孩子智慧的花蕾很容易绽开，没有智慧的孩子父母再打，再“恨铁不成钢”，不是“钢”，怎么也恨不成“钢”。“棍棒底下出孝子”，可“孝子”不一定都有“智慧”，打出来的不是“智慧”而是懦弱。

有的父母可能会说“棍棒底下出孝子”“我父母就是把我打好的”“孩子不打不行”……说到这里，我们需要仔细思考一下“打”的本质。

父母大部分都是因为“惹事”打孩子：要么“出去欺负小朋友了”“故意砸人玻璃了”“扎教师的自行车轮胎了”“和父母顶嘴了”“学习不认真”“成绩退步”“上课不认真听讲”“课后没有好好完成作业”“不按时弹钢琴”等等，孩子身上发生了这样的情况就极有可能招来父母的“打”，但父母很少因为孩子的“德行”，比如：“公交车上没有给老人让座”“和同学之间没有团结互助”“上课发言不积极”“自私自利”“吃饭没有规律”“不负责任”等而打孩子。也就是说父母只注重孩子“不惹事”修炼，不注重孩子的“德行”修炼；不是为孩子“不积极动脑、不发挥自己的潜能”而打孩子，而是为了让孩子听话，少惹事儿而打孩子。

【案例1】

早晨，李卫红像往常一样催促儿子快点起床去幼儿园，然后好去练车，第二天要考试了。

李卫红心急火燎，却发现儿子把牙刷咬在嘴里，站在玩具架前玩玩具。李卫红很生气，大声喊他的名字，并狠狠打了他屁股一巴掌。儿子被妈妈突如其来的举动吓坏了，傻傻地站在那儿，眼里充满了恐惧，手里还拿着没拼好的磁力棒。等妈妈批评完，儿子怯怯地说：“妈妈，我想拼一个太阳花，你对着太阳花许愿，明天考试就一定会通过。”李卫红愣住了，一把把他拥在怀中，说不出话来。

【分析】

工作和生活的压力常常让我们身心俱疲、浮躁焦虑，难免迁怒于孩子。可我们的“小蜗牛”却用他的爱和善良把我们浮躁的心熨平了。

当孩子表现出不符合成人期望的行为时，成人常常会简单、粗暴地加以批评，甚至打骂，这是对孩子极大的不尊重。其实，如果耐心倾听孩子“为什么要这样做”，你会发现，回报你的，一定是像“太阳花”一般温暖幸福的爱和惊喜。

【案例2】

在一次一年级父母开放日活动中：父母观摩孩子上课时，孩子们学得津津有味，很开心，到了实践操作的时候，小朋友都纷纷动起了手。有的拿尺子，有的拿小棒、铅笔开始测量。这时，豪豪小朋友正埋着头，还没有动手。他妈妈坐不住了，立马从教室后头冲到了教室最前面，上来就打孩子的手，边打边指责：“你在干什么？别的小朋友都开始了，你还不快点！你的手怎么这么笨，这点小事都做不好！”豪豪一紧张，就更不知所措。

【分析】

从豪豪妈妈的举动可以看出她平时教育孩子比较重视学习知识，却缺少动手能力的培养，当孩子行为缓慢时，她就缺少耐心。

要发现孩子潜能，并非只是让孩子认字、算数学题、学文化知识，而是要在日常生活的点滴中发现孩子的兴趣、爱好。父母要去学习深入了解孩子，让孩子从课本中解放出来，鼓励孩子动手、思考，做自己喜欢的事情。

认知：

理解：

做件什么事	怎么做的	做中的感悟

准备：

学会做：

只要“失德”就会“缺德”

“德行”不练，做人失“德”，孩子就很可能成为“缺德”的孩子；“缺德”的孩子学习再努力，再听话，也可能成为无用的坏孩子。“德行”不是靠打出来的，“打”了反而不会做事，做人也不是靠打出来的，“打”了反而更不会做人。

很多的父母连这最基本的道理都不明白，怎么能教育好孩子呢？当你抡胳膊准备打孩子的时候，应该先想想：“我是个合格的父母吗？我能打出孩子的智慧吗？”其实，打孩子，何时打，怎么打，打在哪，是有学问的。这个学问就是要孩子有智慧，就不要动手打人，了解这个原则的父母，请不要再打孩子，否则一次小小的行为就可能会造成终身遗憾。

【案例1】

一天，王东带儿子逛街，儿子提出要吃橘子，王东就给他买了几个。

没想到，孩子吃橘子的方式与众不同：剥开后把橘肉放进嘴里“榨”干汁液，然后“噗”的一声吐出渣子。孩子边走边吃，边吃边吐，王东看在眼里不禁皱眉：这么做可真是失德！

王东赶紧教育儿子：“把渣子吐到地上，会影响卫生，还会影响别人走路。如果渣渣沾到别人脚上，人家得多难受呀！”

儿子却不屑地说：“路那么宽，为啥非要踩到渣子上呢？喏，那边还有打扫卫生的，一会儿就会过来给扫走。”

看着儿子为自己的无德之举狡辩的样子，王东觉得应该亲自示范有德行为，才能转变儿子的无德之举。于是，王东从口袋里掏出一张纸，把儿子吐到地上的橘子渣捡起来送进了垃圾桶。

谁知儿子对王东的“公德示范”一点儿也不虚心学习，他只觉得随口吐渣是爽快的，公德不公德的事根本与他无关。接下来他不当爸爸的面吐了，而是趁着爸爸一不留神，偷偷地吐。

儿子在公共场合表现出的无德行为，可不止这些。路边有供行人休息的长椅，儿子不是坐在上面，而是会跳上去玩。

爸爸说：“脚上有泥，弄脏了长椅，别人就不好坐下休息了。”

儿子根本听不进爸爸的公德教育，继续站在长椅上跳着玩。王东生气地要拉他下来，他却一转身从这个长椅上跳下来，跑到下一个长椅上继续蹦跳。王东不敢再追他，怕他为了躲避爸爸“逃跑”时弄出事故来，只好作罢。

儿子的无德之举让王东头疼不已，言传不起作用，身教也没有效果，让儿子学些“德行”还真不容易。可又不能任由儿子的“无德”之举肆意发展，王东苦思对策，情急之下，忽然想到一个办法：以毒攻毒，既然言传身教都不能让儿子学着有“德行”，那不妨让儿子吃些“无德”的苦头，也许他就能切身体会到“无德”之害，从而不再以无德之举影响别人。

回到家里，王东要吃苹果，开始削苹果皮。他把削苹果皮的“阵地”从客厅转移到了儿子的小卧室。趁儿子不在屋，他直接把苹果皮削到地板上。一会工夫儿，儿子的小床前就撒了一地的苹果皮。

儿子走进小卧室，一声尖叫：“爸爸，这么脏，谁弄的？”

王东不吱声，儿子就愤怒地找到爸爸：“爸爸，是你吃苹果，苹果皮就是你弄的，被我踩到了，差点滑倒，你坏。”

王东一边吃苹果一边漫不经心地回答：“屋子那么大，你怎么能踩到苹果皮上呢？怪你自己。”

“就怪你在屋里削苹果皮。”儿子恼了。

王东反击：“你不也在路上吐橘子渣渣嘛……”

听王东揭短，儿子立即涨红了脸，一句话也不说，扭头走了——自己去打扫床前的苹果皮了。

通过这次“以无德攻无德”的情景教育，儿子真是体验到了别人的无德给自己带来的“痛苦”，他接受了不能在公共场合“吐橘子渣”的公德要求，自此再没出现过在路上“边吃边吐”的行为。

其实，让孩子吃些“无德之苦”，对于提升他的“公德意识”真是蛮有效果的。

【分析】

孩子的行为多数是父母的翻版，如果孩子的行为出现问题，父母首先检查自己，是否在潜移默化中影响了孩子。

“失德”会导致“失信”，这会在孩子成长的过程中设置很多障碍，影响孩子健康成长。父母在生活中首先规范自己的行为，创造机会培养孩子有爱心，尊重别人，孩子优秀的品德都是在生活中一点一滴培养起来的。

【案例2】

据《现代快报》新闻，在无锡地铁1号线站里，一位男乘客抱着孩子随地小便，在受到保洁员再三劝阻后，竟然和同行的女乘客一起打骂地铁工作人员，这一幕被监控摄像记录得清清楚楚。

都说言传不如身教，这两位乘客的所作所为，为孩子树立坏榜样。幸运的是，他们的行为被及时制止了，否则很可能在孩子幼小的心灵里，埋下自私自利的种子，成为“不受欢迎”人。爱孩子，就要教会他们什么是对与错，要知道父母怎样，孩子们便怎样。

【分析】

言传不如身教，很显然，这两位乘客的所作所为，只能为孩子树立坏榜样。幸运的是，他们的行为被及时制止了，否则很可能在孩子幼小的心灵里，埋下了自私自利的种子，如果生根发芽，他们就会时时处处想着“与己方便”，却罔顾他们和公众的利益，任由发展下去，迟早会成为“不受欢迎”的那一类人。从这个意义上说，他们的孩子才是整个事件中受到伤害最大的人，只是暂时还看不到产生的不良后果。

认知：

理解：

做件什么事	怎么做的	做中的感悟

准备：

学会做：

有“平等”才会有“尊重”

平等与相互尊重是和睦相处的前提。良好融洽的家庭关系建立在父母把孩子当成独立的“人”平等对待的基础上，如果父母把孩子当成自己的私有财产，按照自己的意愿随意摆布孩子，会对孩子的未来造成严重的负面影响。

孩子因你而来，不是为你而来，他是属于全社会的财富。尽管大部分父母嘴上都会说“我和孩子很平等啊”“我真的很尊重孩子啊”，也有很多父母形式上非常“尊重孩子”或是“蹲下来和孩子说话”，实际上，有些父母尊重孩子只是停留在口头上、形式上，从内心里还是想：孩子是我身上掉下来的肉，我让他干什么他就必须听我的，听话的孩子才是好孩子。

我们要明白的一个道理是：真正的尊重和平等是要“用心”的，是让孩子能感受到的平等。

平等和尊重的前提是“相信”和“信任”。父母要相信自己，“一定能解决孩子出现的问题”，父母要信任自己的孩子，“不论出现任何问题，我的孩子一定都能完美解决”。

“不相信”和“不信任”是父母教育子女的屏障，如父母遇到问题就焦虑不安，对自己没有信心，不相信自己能解决问题，总是焦灼地说：“我可怎么办”“你帮帮我吧”“我实在没办法了”……

不相信孩子会逐步好起来，根本不相信自己的孩子一定能逐步好起来。在孩子出现问题的第一时间不是想问题该怎么办而是不断地给孩子贴标签：“孩子很笨”“孩子很不听话”“孩子怎么说都不会有用的”等等。常和孩子抱怨“我容易吗？”“你就不能长进一点啊！”“我怎么就生了你这样的东西”等等。

逾越信任屏障的一剂良药，就是父母遇到问题时一定要坚定信心。

在教育孩子的过程中，尤其是当孩子遇到问题的时候，父母一定要相信自己行，相信孩子一定行，并且要做孩子的坚强后盾。

试想：事情已经出了，软弱有什么用呢？非但解决不了问题，反而会使问题越来越严重。

和孩子同舟共济、想尽一切办法解决问题。中国有句老话“想什么有什么，怕什么来什么”，很多人说这是“唯心”的，是“忽悠”人的，其实并不然，在家庭教育中优秀的孩子总是优秀的。只要父母对孩子有信心，孩子就越来越有自信，任何难题都会迎刃而解。

问题孩子就是源于父母对孩子没信心，使得孩子越来越有问题。父母的不自信、不信任使孩子出问题或问题升级，这些都是来源于父母的不自信和不信任。

心理学著名的“皮格马利翁效应”从心理学角度早就已经证明了这个论点：“优秀孩子是因为父母对孩子有信心，使得孩子越来越有自信；问题孩子是因为父母对孩子没信心，使得孩子越来越有问题。”

【案例1】

美国《芝加哥快报》的编辑总监道格拉斯先生受联合国教科文组织的委托，来中国做教育志愿者，他说了一个发生在自己身上的故事。他与妻子芭芭拉在女儿琼妮4岁时离婚了，孩子由他抚养。他常和女儿多次探讨什么是人的最宝贵的品质。

琼妮5岁时，一天她把幼稚园里的拼图游戏偷偷带回家。道格拉斯发现后，就让她把玩具送回到幼稚园，并当面向老师道歉。

回家后，让她选择惩罚内容：一是一个星期内不能吃冰激凌；二是取消周日下午在中央公园的滑草游戏和野餐；三是在屁股上狠揍两巴掌。

女儿决定接受第三种惩罚。道格拉斯给前妻芭芭拉打电话，请她回来当肉刑的“监刑官”。

说到“监刑官”，道格拉斯说那是他与琼妮一起看电影《勇敢的心》，当华莱士走上行刑架时，行刑官在一旁高喊：“请这位绅士体面地接受肉刑。”道格拉斯提醒女儿注意这个细节并且进行了探讨——因为过错我愿意接受惩罚，但任何人不能剥夺我的尊严，我有权选择至少一位目击者证实惩罚的过程是否伤害到了我的尊严。

小琼妮因为撒谎而挨了两巴掌会不会伤害到她的尊严，必须有“监刑官”证实。

过后一个星期，道格拉斯工作忙到凌晨3点，早晨8点闹钟响时，还没起来，过了半个小时，女儿穿戴整齐地来到他的床前，说再不起床就赶不上幼稚园的班车了，结果，他们真的迟到了，园长微笑地问琼妮为什么迟到，道格拉斯找了个借口，琼妮却大叫是爸爸贪睡。

道格拉斯很尴尬，向园长做了解释后又对女儿道歉。

女儿说：“我接受你的道歉，但是你撒谎必须接受惩罚。现在有两个惩罚方式可以选择：一是取消本周末与辛蒂小姐的约会（辛蒂小姐是道格拉斯刚认识的女友）；二是接受肉刑。”道格拉斯说：“芭芭拉出差去了，没人当‘监刑官’。”

这时，幼稚园园长出面了，说她愿意出任本次肉刑的

“监刑官”。道格拉斯向他的女儿——一个年仅5岁的美国公民撅起了屁股……

【分析】

从这个案例中道格拉斯在处理与女儿之间的关系中，他没有因为自己是父亲，因为有学识，有社会地位就对女儿大呼小叫，体现了道格拉斯对女儿的尊重，也体现了父女之间地位的平等。

父母批评孩子要针对孩子的行为，而不是针对人，才能让孩子心服口服地接受批评。在管教孩子的方式上，也要采取孩子愿意接受的方式，比如和孩子就某些原则达成共识，大家共同遵守，一旦违反原则，不管是谁都要接受惩罚，当然惩罚的方式不要伤及孩子的自尊心，做到彼此尊重。

【案例2】

美国的孩子一般都很早熟，这和他们的家庭教育有关。劳伦斯夫妇有三个孩子，和大多数美国父母一样，他们和孩子之间是朋友关系，有什么事都摆在桌子上，开诚布公地谈。不仅是劳伦斯夫妻对孩子提出看法，孩子同样也会对父母提出自己的看法。

有一次6岁的小女儿对劳伦斯说，她今天认识了一个小男孩，她想争取成为他的好朋友。劳伦斯说：“这可是个好消息，你是不是准备带他回来，周末我们为你们开一个Party怎么样？”劳伦斯根本不担心事情会搞砸，只是担心其他诸如孩子早熟的问题。

【分析】

美国家庭有个很好的传统，就是父母和孩子之间像朋友一样。

当中国的父母为了孩子的心理健康问题大伤脑筋的时候，美国的父母正在分享孩子的经历。

父母不能以爱的名义，忽略孩子的安全。父母应该平等对待孩子，通过更为融洽的沟通，了解孩子的真实想法，给予孩子正确的引导和帮助。本着平等的原则，尊重孩子的安全边际，才能深入孩子的世界，掌握孩子的心理，也只有这样，孩子才会接受父母给出的合理建议。

认知：

理解：

做件什么事	怎么做的	做中的感悟

准备：

学会做：

握准人生方向盘，别驶错方向

如果把一个家庭比作一辆汽车，父母就该把自己当作老司机，把孩子当作新司机，开好家庭生活这辆车。老司机和新司机是平等的关系，新司机早晚会接班，相互差别的只是能力和技巧，父母只不过比孩子具备了更多的生活经验。

老司机的任务是：给新司机经验的指导和帮助，逐步使新司机掌握驾车的技术和能力。

父母的任务就是不断让孩子掌握驾驭生活这辆汽车的技能。总有一天，孩子会独立驾驭出行，不断积累驾驭经验，最终成为老司机，独立、平稳、高效地驾驶生活这辆汽车。

很多父母都有去驾驶学校学习的经历。

在学车过程中，始终是新司机驾驶着汽车，老司机在旁边指导，老司机不要包办代替，因为新司机自己驾驶才能学到技术、积累经验。

老司机唯一能控制的是脚下同样有一个“刹车”，除非在可能“撞人”或“翻车”的情况下，老司机一般不会去“踩”。

父母培养孩子是否可以将其看作新上手的司机，放开手，让孩子自己体验生活，自己来决定行驶的路线和目标独立，承担责任呢？

路走错了，绕回来，就是一个小挫折的教育；撞车了、发生交通事故了、车坏了等就是一个大挫折的教育。

生活中只有不断地体验成功与失败才会最终走向成功，如果一个新司机总是看着老司机驾车，他永远是新司机，如果新司机在老司机的指导下自己不断试练，积累经验；最终就可能找到自己生存发展的路。

对孩子真正的“爱”是帮助孩子掌握生活技能的过程，只有这样家庭才能平等，父母才能得到孩子发自内心的尊重。

【案例1】

在“望子成龙”的心态驱使下，宋阳曾给过孩子很多强制的“爱”。比如周末，宋阳会给孩子安排一整天的课程，压得他喘不过气来，孩子稍有退步宋阳便会大发雷霆，甚至动用家庭暴力，作为妈妈她也常常能看到孩子眼中的怨恨与不满。每当孩子厌烦的时候，宋阳又是好言相劝，又是物质奖励，把她以为的“特殊的爱”强加在孩子身上。直到有一天，她发现，物质已不再有吸引力，而且孩子开始极力地避开她。“学习”无情地拉开了她和孩子的距离。

宋阳也想当“慈母”，可事实上，她却是个“暴母”，无法控制自己的情绪。

作为母亲要让孩子在兴趣的促使下主动学习，而不应把自己的意愿强加到孩子身上，让孩子在焦虑与紧张的氛围下生活。

要改变，就要先从放下自己的期望开始，要尊重孩子的兴趣。

【分析】

我们的父母常常借“爱”的名义绑架孩子，让孩子带着焦虑，完成我们的期待。案例中的母亲宋阳认为“望子成龙”的唯一途径就是要好好学习。

这个案例提示我们，父母应该给孩子的是健康的身心，在生活中启发孩子的兴趣，培养孩子优秀的品德，让孩子拥有积极乐观的心态，让孩子在自己的节奏中，成为他自己，完成自己的人生使命，胜过所有“爱”的语言和物质。

【案例2】

古代有一个叫方仲永的人，在他很小的时候，就显示出了在诗歌方面的才华，被人们赞誉为神童。那些有钱人家经常邀请方仲永到自己家来，一方面是为了目睹一下这位神童的才华，另一方面也是显示一下自己爱惜人才。每当方仲永走的时候，那些有钱人家都会给一些钱表示感谢。

方仲永的父亲是一个十分爱钱的人，他把方仲永当成了一棵摇钱树。当没有人邀请的时候，他就领着方仲永主动登门拜访，以求得人家给点小钱。

由于整天跟着父亲东家进西家出，方仲永的学业荒废了，他在诗歌方面的才华，由于没有选择一个正确的方式，也渐渐地枯萎了。

方仲永长大后，人们从他身上再也看不见当初神童的影子。

【分析】

航海家哥伦布说："即使你有才华，如果选不对方向，仍会与成功背道而驰。"智商是有遗传的，方仲永的智商很高，但是人的智力不是一成不变的，它随着年龄的成熟而发展，因教育和训练而改变。智力在童年期迅速增长，在青春期增长缓慢，约在25岁达到顶峰，以后保持稳定到中年后期，在老年期逐渐下降。方仲永有很好的先天条件，但后天环境没有营造好导致神童变成庸才。

后天教育，尤其是父母的教育在孩子成长过程中起着关键性的作用。

认知：

理解：

做件什么事	怎么做的	做中的感悟

准备：

学会做：

孩子不尊重父母的原因

有很多父母总抱怨：辛辛苦苦养孩子，到头来连个最起码的尊重都得不到，这究竟是为什么？是孩子天生就不尊重父母吗？显然不是！我们不妨对照一下自己，是否在日常生活中面对孩子有以下行为。

（1）总拿自己的孩子和其他孩子比。

（2）只看孩子的缺点，不看优点，当着别人的面说孩子“不行”。

（3）不断对孩子诉苦：“我这么累都是为了你！”“爸爸妈妈容易吗？为你牺牲太多了！”“如果不是你，我早就事业有成了！”

（4）包办孩子的一切，剥夺孩子的权利。

（5）不断地挖苦讽刺孩子：“你怎么这么笨？”“我怎么生了你这么个东西！”“你傻了，怎么不说话了！”

（6）不能控制自己的情绪，迁怒于孩子，把孩子当出气筒。

（7）当着同学、教师、朋友的面揭孩子的短，让孩子当众出丑。

（8）孩子犯错时不告诉孩子怎么办，而是用虚伪的表扬“忽悠”孩子改错，以严厉批评“恐吓”孩子改错，苦口婆心地讲“歪理”引导孩子改错。

（9）不教孩子“怎么做”，每天要求孩子“认真做”。

（10）不给孩子定规则，随时随地批评孩子。

这种对孩子不尊重的行为，摧毁了孩子的自尊，让孩子觉得卑微；摧毁了孩子的自信，让孩子遇事退缩；摧毁了孩子的上进心，让孩子裹足不前。

父母在与孩子的相处中，如果占了其中一条，孩子就可能已经自暴自弃，失去生活的信心！

试想：一个失去生活信心的人，还可能去尊重使他失去信心的人吗？

亲爱的爸爸妈妈：我们与孩子之间，一切都是平等的，而且，只有平等才会相互尊重，否则，一切都是空谈。

亲爱的妈妈：我们再换位思考一下。

假如你的丈夫常拿你和其他女人比较：

“你看看人家×××的妻子，上得厅堂，下得厨房，你看看人家×××的妻子多么会穿衣打扮，你看看人家×××的妻子多么贤惠，你就不能向她学习学习吗？”

听到这样的话，你会向人家的妻子学习，努力去做一个更好的妻子吗？不会，相反，你听到这样的话，就会有以下反应：

“有本事你找她去啊！”“你看她好就和她过去吧！”

性子烈的妈妈可能还会暴跳如雷：

“老娘就这样！爱过不过！”

亲爱的爸爸，假如你的妻子拿你和其他男人比较：

“你看看人家×××的丈夫，挣钱那么多，买那么大的房子，人家现在都是处长了，看看你，这么没出息，你就不能向人家学习学习？”

听到这样的话，你会向人家学习，努力为你的家庭多赚钱吗？我相信不会的，相反，丈夫会从心底里厌烦妻子，后悔娶一个“这么不理解自己，这么没有素质”的媳妇！

亲爱的父母们：不要再拿自己的孩子和别的孩子比，因为这是对孩子的不尊重，孩子往往会觉得自己真的“不行”，如果真要比，请记住，“学会三比”：一是自己跟自己比；二是今天跟昨天比；三是这次跟上次比。

不断让孩子“自己跟自己比”“今天跟昨天比”“这次跟上次比”。这样才能不断地促进孩子进步，孩子就会积极向上、充满自信。

如果你能坚持做下去，你就会在孩子心目中树立一个“伟大”“善解人意”“懂得尊重”的好父母。

如果你能做到，孩子就会从内心告诉你：如果你能在我乐意的时候让我自己试试，而不是把我推到前面或挡在后面；如果你能满怀爱心地感受我的人生，不剥夺我的需要，那么我将长大，学习和改变未来的一切。

如果你能记住，我就会慢慢获得你已有的生活经验；如果你能理解，我会记住那些相对成熟且有意义的事情；如果你能在我可以时，让我独自迈出一步，而不是把我猛推出去或拉回来；如果你能用你的希望感受我的生活，不破坏我对现实的感觉；那么我将长大。

如果你能记住，我像你一样，失败后再试，需要勇气；如果你能理解，我必须自己弄清我是谁；如果你能在我想要时让我自己寻找自己的路，而不是为我选择你认为我该走的路；如果你能用你的爱感受我的人生，不剥夺我自由呼吸的空间；那么我将长大，学习和改变未来的一切。

【案例1】

小明是一个不听话的孩子，爸妈从不考虑小明的想法，给小明报了各种校外补习班、兴趣班，他们觉得这样对小明有好处。他们对小明的各种要求都是强加给小明，因为他们并不清楚孩子要的是什么，也不考虑孩子的感受。小明变得越来越抵制，从一开始的顶嘴，到叛逆厌学，以此来表达自己的不满。即使这样他的父母还是觉得自己没有做错，一切都是为了孩子好，抱怨小明不理解他们。

作为父母，难道就不该反思一下自己的行为吗？

【分析】

每一个不听话的孩子背后，都有一对专制的父母，父母总是从自己的意愿出发来为孩子做决定，不考虑孩子的想法和感受，久而久之必与孩子产生距离，让孩子逆反，导致孩子不愿意和父母说话，或者干脆就扭着来。

孩子不尊重父母的前提，是父母首先没有尊重孩子，如果父母站在孩子的角度换位思考，倾听孩子，理解孩子，孩子自然会敞开心扉。

【案例2】

前些天，听到一个父子的对话，感触很深！

一天，早餐时7岁的孩子在玩一个空杯子，他的父亲在看报纸。

父亲：“你会打碎它的！你总是打碎东西！”

孩子：“不会的，我不会打碎它的。”就在这时，杯子掉到地上摔碎了。

父亲：“你就大声哭吧！你真是个笨蛋，屋里所有的东西都被你打碎了！”

孩子：“你也是笨蛋，你打碎了妈妈最好的盘子！”

父亲：“你居然叫你父亲笨蛋？你太没礼貌了！”

孩子：“你也没有礼貌，是你先叫我笨蛋的。”

父亲：“你不许再说话！马上站起来回你的房间去！”

孩子：“来啊！逼我啊！”

这句话直接激怒了父亲，他一把抓住儿子，狠狠地打了一顿。孩子试图挣脱时，把父亲推倒撞上玻璃门，玻璃碎了，割伤了父亲的手。

看到血，孩子慌了，跑了出去，直到深夜才回来。

【分析】

孩子和父母顶嘴或者不听父母的话，说明孩子独立的思想意识开始萌芽了，他想听从自己的想法。

这时父母要把孩子当作一个朋友，多理解，多鼓励，经常与孩子沟通，倾听孩子的想法。而不是唯我独尊，父母要想得到孩子的尊重，要从尊重孩子开始。

认知：

理解：

做件什么事	怎么做的	做中的感悟

准备：

学会做：

赢得孩子理解的方法

家庭中造成与孩子沟通不畅，或父母好心好意得不到孩子理解的原因很多，其主要原因是父母与孩子的沟通方法不当，我们不妨试一下以下方法。

1. 表达对孩子的理解

“在你看来我想要你得到更好的分数，是为了我还是为了你？”

2. 表达对孩子犯错误的同情而不是宽恕

“我能理解你为什么不能把事情做得更好。当我想要你做得更好时，我也觉得似乎我是为对你的期望而活的。”

3. 孩子考试成绩不理想时理性教导

“我的确希望你考得更好，因为我觉得这对你有好处。我知道现在看来似乎没什么意义，但良好的方法能给你提供更多的机会，会为你将来的成功打开大门。”

4. 让孩子专注于解决问题

“我们怎样才能找出一个更好的办法呢？如果你把努力进步看成对自己有益的事，而不是怕受批评，这样，心情是否更好些呢？”

5. 要常表达出对孩子感受的理解

一定要向孩子核实你的理解是否对；表达出对孩子的同情，但不能宽恕。同情并不表示你认同或者宽恕孩子的行为，只是意味着你理解孩子的感受。

这时，你如果告诉孩子，你也曾有过类似的感受或行为，效果会更好，因此请告诉孩子你的感受。

如果你真诚而友善地进行了前面两个步骤，孩子此时就会愿意听你说了。

让孩子关注于解决问题，问孩子对于避免将来再出现这类问题有什么想法。

如果孩子没有想法，你可以向他提出一些建议，直到达成共识。

平时和孩子相处，要注意采用以下方法。

（1）多商量，少命令。

父母提醒孩子做作业可以这样说：“到时间了，你是不是该做作业了？”而不要直来直去地说：“别看电视了，快去做作业！”

父母请孩子给父母做一件事情可以这样说：“你能帮我把那件衣服拿来一下吗？”，不要理直气壮地说：“把那件衣服给我递来。”如果孩子帮你做了，你要记得说一声“谢谢”。

这样一来，孩子就会感觉你尊重他，心情就会很愉快，而且也很愿意听父母的话。

（2）多引导，少训斥。

父母对待孩子，要像对待成人一样，不要有一点错就总是板着脸指责他，而应委婉地指出来，尽量避免伤害孩子的自尊心。

孩子的作业字迹太乱，父母可以这样说：“你做作业的速度挺快的，真不错。不过，要是能再把字写得整齐好看一点就更好了！我相信你要是认真写，一定能行！”切不可在孩子作业本上指指点点，或愤愤地说：“你看你，写得像什么字呀？乱七八糟的！”

有的父母可能会这么认为：把孩子当一个成人，委婉地给他指出缺点？他能改吗？他若有这份觉悟，还叫什么孩子！其实相反，父母越是尊重孩子，孩子就会越自尊，越自尊，就会越注意修正自己的言行，以赢得别人的尊重。

因此，委婉地指出孩子的缺点会比赤裸裸地训斥效果好得多。

当然，具体情况还得具体对待，对于孩子的坏品行、坏习惯等问题，父母不必委婉，也不可采用训斥的方式，而是要平等而又严肃地与他谈话，指出其危害性，要求其改正，并定出一些惩罚措施。

（3）多和孩子交朋友，少窥探孩子的“隐私”。

很多孩子都特别反感父母翻看自己的书包，偷看自己的日记。父母之所以这么做，主要是想借此了解孩子的所思所想，担心孩子有什么事瞒着父母。父母的想法没有错，孩子毕竟是需要父母的教育引导的。

有没有更好的办法了解孩子呢？有！那就是多和孩子交朋友。

父母平时多抽时间和孩子聊聊天，问一问孩子学校的事情、人际关系情况、对一些事物的看法等。

如果孩子告诉你一些真实感受和想法，如对某男同学有好感，或某男同学对她有好感等，遇有此事千万不可指责，要站在孩子的立场理解她，然后，告诉她该怎么办。

对于孩子遇到的一些人生困惑，父母要耐心地给他们指导帮助，为孩子排疑解惑。

这样，让孩子感受到父母对自己的尊重和信任，他们就会越来越信任父母，就会把父母当成倾诉对象，而不是保密对象了。

【案例1】

一名中学生，功课很好，在班级里老师也经常称赞他，可是他就是不爱回家，放学后经常去同学家，在学校他有说有笑，可是回家一句话也不说。

开家长会时，父母向老师反映情况，说：家里为他准备了他爱吃的东西，他要穿什么就买什么，想要什么都有，可是孩子不爱回家。

在学校这样乖的孩子怎么会不爱回家呢？当老师深入了解后才发现，该学生的父母每天忙于工作，当他提出要什么的时候，就把东西给买回来，甚至干脆给他钱让他自己买，他虽然非常想和父母聊聊天，上街一起买东西，可是父母总是没有时间，最后就变得不爱回家了。

【分析】

了解孩子的需要非常重要，可以说，了解孩子的需要更高于您为孩子所做的一切事。孩子虽然小，但也是有血、有肉、有思想的人，人与人的交往重要的是相互了解。

每个人都有丰富的感情，孩子也一样，他们需要的不仅仅是物质上的，更需要感情上的交流与沟通。不要总是以“工作忙”作为理由，减少与孩子的思想交流，应该让他了解你的想法，了解你的苦衷，你也去了解孩子的思想，多站在孩子的角度去想想，是有益于孩子成长的。

【案例2】

磊儿妈妈给我们分享了一次经历，她的儿子从学校回家之后抱怨老师在课堂上吼他。

磊儿妈妈一听双手叉腰：“你在学校做了什么，老师这样吼你？”磊儿脸色一变，生气地说：“我什么也没做。”磊儿妈妈：“怎么可能，你什么没做，老师无缘无故地吼你？”磊儿一脸生气，不愿意搭理。磊儿妈妈又问：“怎么才能防止下次再犯错？”磊儿：“我没什么能做的！”

磊儿妈妈冷静下来之后，调整了一下心态，换了一种态度对磊儿说："我敢肯定，老师在那么多人面前说你，你一定觉着自己很丢脸。"磊儿抬头看了看妈妈，心情平静下来。磊儿妈妈接着说："我记着我上学那会儿，因为一次考试犯了错，老师也是当着同学的面说了我，我当时就感觉又生气又丢脸。"

这个时候磊儿有了兴趣说道："你说的都是真的？"磊儿妈妈点了点头。磊儿继续说道："我只不过是向同学借了支笔，老师就当着同学的面说我，我很生气。"

磊儿妈妈："我很理解你的心情，那么我们有什么办法可以解决这个问题，下次避免再出现这个问题呢？"

磊儿："妈妈，你可以帮我多准备几支笔吗？这样我就不用再和同学借了。"磊儿妈妈："嗯，这是个好主意哦。"

【分析】

父母要想赢得孩子的理解就要用自己的行动维护孩子的自尊，以尊重孩子的态度去对待孩子，相信孩子有能力和大人合作，并完成一定的事情。

作为父母首先要主动表达对孩子行为的理解，进而表达对孩子的同情，但不是对孩子行为的宽恕。然后，告诉孩子你的感受，最后要引导孩子找到解决问题的办法（图4）。

认知：

理解：

做件什么事	怎么做的	做中的感悟

准备：

学会做：

本章盘点

◎ 小问题

回答下面的问题，帮助你理解沟通在家庭教育中的必要性。

1.爱孩子的目的是什么？

2.爱孩子首先要学会什么？

3.爱孩子的步骤是什么？

4.爱孩子有哪些环节？

5.爱孩子的效果有几层？分别是什么效果和表现？

6.爱孩子和掌握知识应该如何链接？

7.爱孩子的方式不同，其效果有哪些不一样？

8.生活中需要爱的相关问题有哪些？

9.赢得孩子理解的方法有哪些？

如何做更好的父母

◎收起你的懦弱，摆出你的姿态，去爱孩子，不要打击孩子的积极性！

◎就算周边的人（含家庭成员）都否定你，你也要坚持，不要管别人的看法。

◎很多事是爱出来的，要相信世上只要有爱就没有做不到的事，只有不爱，才适得其反。

◎不管孩子如何，都可能不被欣赏，总有人认为他不够好，不管别人怎么看，你都不能不尊重孩子！

“管理好自己”思考题

【反向思维】

◎爱没有用，孩子不愿意学！

◎爱孩子到位了，孩子还是不好好学！

◎孩子与我的爱，道不同不相为谋！

◎对孩子爱不到位，反而被别人瞧不起！

【正向思维】

◎爱孩子之后，家庭和睦了！

◎爱孩子之后，孩子的能力提高了！

◎爱孩子之后，父母与孩子相处更融洽了！

◎爱孩子之后，父母与孩子的误会没有了！

与心对话

每日一问：

家庭生活中总有一些磕磕绊绊的冲突点，很多事情都需要爱，你面对这些问题是怎么解决的？你身边的家庭又是怎么处理的？

请将在家里看到的记录下来：

参考文献

[1]迈克尔・W.阿普尔.意识形态与课程[M].黄忠敬译.上海:华东师范出版社,2001.

[2]PIERRE B,JEAN-CLAUDE P. Reproduction in education, society and culture[M]. London,Eng:Sage Publications Ltd.1990.

[3]保罗・弗雷尔.被压迫者教育学[M].顾建新,赵友华,何曙荣译. 上海:华东师范大学出版社,2001.

[4]JEAN J. Studies in Socialism[M]. New York:Wentworth Press,2019.

[5]陶行知.陶行知全集[M].成都:四川教育出版社,2005.

[6]陶行知.中国教育改造[M].上海:上海亚东图书馆,1928.

[7]徐德春.做学教ABC[M].上海:上海世界书局,1929.

[8]陶行知.中国大众教育问题[M].上海:上海大众文化社,1936.

[9]陶行知.行知书信[M].上海:上海亚东图书馆,1929.

[10]陶行知.行知诗歌集[M].上海:上海儿童书局,1933.

[11]陶行知.行知诗歌前集[M].上海:上海儿童书局,1935.

[12]陶行知.行知诗歌三集[M].上海:上海儿童书局,1936.

[13]陈青之.中国教育史[M].北京:中国社会科学出版社,2009.

[14]孙培青,杜成宪.中国教育史[M].3版. 上海:华东师范大学出版社,2008.

[15]王陆.虚拟学习社区原理与应用[M].北京:高等教育出版社,2004.

[16]莱斯利・P.斯特弗. 教育中的建构主义[M].高文译.上海:华东师范大学出版社,2002.

[17]日本筑波大学教育学研究会.现代教育学基础[M].钟启泉,译.上海:上海教育出版社,2003.

[18]ROBERT M G,WALTER W W,KATHARINE G,et al. 教学设计原理[M].王小明,庞维国,陈保华等译.上海:华东师范大学出版社,2007.

[19]周文彪.生活创新教育[M].北京:新世界出版社,2013.

[20]侯怀银,张宏波.社会教育解读[J].教育学报,2007:3-8.